A catequese a serviço da Iniciação à Vida Cristã

Dados Internacionais de Catalaogação na Publicação (CIP)
(Câmara Brasileira do Livro, SP, Brasil)

A Catequese a serviço da iniciação à vida cristã / SBCat (Sociedade Brasileira de Catequistas). – Petrópolis, RJ : Vozes, 2018.

Bibliografia.
ISBN 978-85-326-5978-1

1. Catecumenato 2. Catequese – Igreja Católica 3. Evangelização 4. Mistagogia 5. Vida cristã I. SBCat – Sociedade Brasileira de Catequetas.

18-20931 CDD-268.82

Índices para catálogo sistemático:
1. Formação de discípulos missionários : Catequese : Igreja Católica : Cristianismo 268.82

Maria Paula C. Riyuzo – Bibliotecária – CRB-8/7639

SBCat
(Sociedade Brasileira de Catequetas)

A catequese a serviço da Iniciação à Vida Cristã

Petrópolis

© 2018, Editora Vozes Ltda.
Rua Frei Luís, 100
25689-900 Petrópolis, RJ
www.vozes.com.br
Brasil

Todos os direitos reservados. Nenhuma parte desta obra poderá ser reproduzida ou transmitida por qualquer forma e/ou quaisquer meios (eletrônico ou mecânico, incluindo fotocópia e gravação) ou arquivada em qualquer sistema ou banco de dados sem permissão escrita da editora.

CONSELHO EDITORIAL

Diretor
Gilberto Gonçalves Garcia

Editores
Aline dos Santos Carneiro
Edrian Josué Pasini
Marilac Loraine Oleniki
Welder Lancieri Marchini

Conselheiros
Francisco Morás
Ludovico Garmus
Teobaldo Heidemann
Volney J. Berkenbrock

Secretário executivo
João Batista Kreuch

Diagramação: Editora Vozes
Revisão gráfica: Licimar Porfírio
Capa: Idée Arte e Comunicação
Ilustração de capa: Lúcio Américo de Oliveira

ISBN 978-85-326-5978-1

Editado conforme o novo acordo ortográfico.

Este livro foi composto e impresso pela Editora Vozes Ltda.

Dedicatória

A Sociedade Brasileira de Catequetas (SBCat), oferece, carinhosamente, este livro, a dois Catequetas, Inês Broshuis e Padre Wolfgang Gruen, SDB como gratidão pela competência, dedicação influência, liderança e testemunho de vida com que se entregaram ao ministério da catequese no Brasil por muitos anos seguidos. Ambos são missionários europeus que fizeram do Brasil, sua pátria querida. A eles nossos agradecimentos.

Sumário

Siglas, 8

Apresentação, 9

Capítulo 1, 11
A alegria de iniciar discípulos missionários: Uma apresentação do Documento homônimo do CELAM
Pe. Luiz Alves de Lima, sdb

Capítulo 2, 33
Iniciação à Vida Cristã, conforme à CNBB em seus recentes documentos
Pe. Luiz Alves de Lima, sdb

Capítulo 3, 53
Meta da Iniciação à Vida Cristã: formar discípulos missionários de Jesus Cristo
Irmã Nelcelina dos Santos Barbosa

Capítulo 4, 63
A Catequese a Serviço da Iniciação à Vida Cristã
Irmã Lúcia Imaculada, cnsb

Capítulo 5, 75
Mística, Liturgia e Mistagogia na Iniciação à Vida Cristã
Ir. Rosângela Aparecida Fontoura e Pe. Roberto Bocalete

Capítulo 6, 89
Comunidade e Catecumenato: mútua colaboração
Pe. Roberto Nentwig

Capítulo 7, 109
A figura do "Introdutor/Acompanhante" no processo catequético da Iniciação à Vida Cristã
Pe. Guillermo Micheletti

Capítulo 8, 125
A psicopedagogia catequética na Iniciação à Vida Cristã
P. Eduardo Calandro e Pe. Jordélio Siles Ledo, css

Capítulo 9, 145
Museu Sagrada Família: Catequese e Arte: Diálogo entre educação da fé e arte
Pe. Jordélio Siles Ledo, css

Homenagens, 167

Siglas[1]

AG	Ad Gentes (Decreto sobre a atividade missionária da Igreja)
AIDM	Alegria de iniciar discípulos missionários na mudança de época
CDC	Código de Direito Canônico
CIgC	Catecismo da Igreja Católica
CELAM	Conselho Episcopal Latino-Americano
CV II	Concílio Vaticano II
DAp	Documento de Aparecida
DGAE	Diretrizes Gerais da Ação Evangelizadora da Igreja no Brasil 2011-2015
DGC	Diretório Geral para a Catequese
DNC	Diretório Nacional de Catequese
EG	Evangelii Gaudium (Constituição Dogmática sobre a Divina Revelação, Concílio Vaticano II)
EN	Evangelii Nuntiandi (Exortação Apostólica sobre a evangelização dos Povos)
GS	Gaudium et Spes (Constituição sobre a Igreja e o mundo)
IGMR	Introdução Geral ao Missal Romano
IVC	Iniciação à Vida Cristã
LG	Lumen Gentium (Constituição Dogmática sobre a Igreja)
RICA	Ritual de Iniciação Cristã de Adultos
SC	Sacrosanctum Concilium (Constituição sobre a Sagrada Liturgia)
SCa	Sacramentum Caritatis (Exortação Apostólica pós-sinodal do Papa Bento XVI, Sobre a Eucaristia. Fonte e ápice da vida e da missão da Igreja)
CC	Comunidade de Comunidades. Conversão pastoral da paróquia
CR	Catequese Renovada. Orientações e conteúdo.
DAIVC – Ctba	Diretório Arquidiocesano da Iniciação à Vida Cristã da Arquidiocese de Curitiba
DAIC – Rio	Diretório Arquidiocesano da Iniciação Cristã – Arquidiocese Rio de Janeiro

---

1 Agrupadas pela ordem alfabética da Sigla.

Apresentação

A Igreja Católica, no Brasil, tem se empenhado em apoiar-se na *IVC*, para fundamentar e acelerar a sua própria renovação, a fim de melhor realizar a sua missão evangelizadora num mundo em contínua mudança. A Catequese exerceu forte liderança na compreensão e prática da IVC,[2] mas trata-se de uma tarefa que não é somente dela, mas de toda a Igreja.

De modo oficial, documentos, estudos e subsídios da Igreja, via Conselho Episcopal Latino-americano (CELAM) e Conferência Nacional dos Bispos do Brasil (CNBB) têm realizado uma significativa síntese da reflexão e da experiência, favorecendo assim, o processo de compreensão e busca de operacionalização da IVC, nas Comunidades Eclesiais. Citamos apenas alguns deles: O *Diretório Nacional de Catequese*, de 2006 (DNC,) o *Documento de Aparecida (DAp)*: "Discípulos e Missionários de Jesus Cristo, para que n'Ele nossos povos tenham vida" (2007): o Estudo da CNBB 97: *IVC: um processo de iniciação catecumenal* (2009).

Esta preocupação com dinamizar a IVC, chegou a todos os episcopados da América Latina, o que reforçou ainda mais a nossa caminhada que, neste sentido, estamos realizando no Brasil. Vale ressaltar aqui a importância do Documento emblemático do Conselho Episcopal Latino-americano (CELAM) *A Alegria de iniciar discípulos missionários na mudança de época* (AIDM), de 2015.

Dois anos depois, em 2017, a CNBB aprovou em sua 55ª Assembleia Geral, em abril e maio, em Aparecida/SP, o Documento 107: *IVC: itinerário para formar discípulos missionários*, que representa um passo muito importante quanto ao assumir por parte de toda a Igreja, em um documento oficial, essa proposta paradigmática de renovação eclesial, no impulso de Aparecida e do pontificado do Papa Francisco.

Mas não esqueçamos aqui de citar o Subsídio da CNBB: *Itinerário Catequético. IVC – Um Processo de Inspiração Catecumenal* (2015) e as *Diretrizes da Ação Evangeli-*

---

[2] Daqui para frente, e salvo algumas exceções [títulos, por ex.], em todos os capítulos assinalaremos "IVC" para indicar "IVC".

zadora da Igreja no Brasil (DGAE) que, desde 2011, assumiu para toda a Igreja, entre as urgências na ação evangelizadora, a tarefa de transformar a *Igreja em Casa da IVC*.

Este livro *A Catequese a serviço da IVC*, iniciado na gestão da Diretoria da Sociedade Brasileira de Catequese (SBCat), de 2012 a 2016, é uma pequena contribuição a este processo renovador de nossa Igreja. Ele traz alguns dados para ajudar na compreensão e prática dessa temática que consideramos vital para a renovação de cada católico e de cada Comunidade Eclesial, na formação dos discípulos missionários e da Igreja, como comunidade de comunidades, pobre e missionária, em saída às múltiplas periferias, nas quais as pessoas lutam por dias melhores e mais sadios, na justiça, na solidariedade, na fraternidade, na preservação do planeta terra e no estabelecimento da paz.

A coordenação desta obra decidiu manter o nome do autor em seu respectivo texto. Cada qual, no espírito de serviço e de solidariedade, oferece sua parcela para a riqueza do todo. A cada um dos autores registramos aqui o agradecimento da Diretoria da Sociedade Brasileira de Catequese (SBCat) e, aproveitamos para incentivar os outros membros para que preparem seus textos para um próximo livro. Pedimos e agradecemos aos/às leitores/as para que nos escrevam reagindo a este primeiro trabalho e dando-nos sugestões.

Irmão Israel José Nery fsc*
Presidente da SBCat, 2018
sbcatequetas@gmail.com

A Alegria de Iniciar Discípulos missionários (AIDM)[3]

Uma apresentação do documento catequético do CELAM (julho de 2015)

Luiz Alves de Lima [4*]

---

[3] A alegria de iniciar discípulos missionários numa mudança de época. In: *A catequese do Vaticano II aos nossos dias*. São Paulo: Paulus, 2016.

[4] O autor dessa matéria, tendo colaborado na redação e publicação desse documento, fez sua apresentação para Reunião dos Bispos encarregados da catequese em todos os países da América Latina e seus secretários executivos, em Bogotá de 02 a 05/06/2015. Outra vez apresentou esse documento para a Reunião do Pontifício Conselho para a Nova Evangelização com os responsáveis pela catequese nas 18 Regionais da CNBB e seus assessores, em Aparecida (SP) de 02 a 04/09/2015. O autor já fez várias palestras para catequistas e o clero, como também escreveu em várias publicações apresentando o mesmo documento AIDM.

* **P. Luiz Alves de Lima, sdb,** é doutor em Teologia Pastoral Catequética, assessor de catequese na CNBB e CELAM, membro fundador da SCALA (Sociedade de Catequetas Latino-americanos) e do SBCat (Sociedade Brasileira de Catequetas), conferencista, professor no *Campus* Pio XI do Centro Universitário Salesiano de São Paulo, nas PUCs de Curitiba e de Goiânia (*Campus* Goiás), e no Instituto Teológico Latino-Americano (ITEPAL) de Bogotá; editor adjunto da Revista de Catequese, coordenador de redação do *Diretório Nacional de Catequese*. Participou do Sínodo dos Bispos de 2012 e do Seminário Internacional de Catequese em Roma (março 2014) e da redação e publicação de *AIDM*. Também foi redator principal do recente documento 107 da CNBB sobre *IVC: itinerário para formar discípulos missionários*, tendo redigido várias de suas partes.

Introdução

O documento do CELAM (Conselho Episcopal Latino-americano), que aqui apresentamos, foi publicado em castelhano e em português, em 2015, com o título *A Alegria de Iniciar Discípulos Missionários na mudança de época. Novas perspectivas para a catequese na América Latina e Caribe* (AIDM)[5], ou sobre a *IVC*. O CELAM já havia publicado as seguintes *orientações* para a catequese: *A Catequese na América Latina*: linhas gerais de orientação (1983)[6], e *La catequesis en América Latina: orientaciones comunes* (1999, sem tradução em português). Em junho de 2015, surgiu a 3ª. versão dessas orientações, com o título acima. Ela recolhe os frutos do dinamismo evangelizador da Igreja, que, ultimamente nos brindou com: *Aparecida* (2007), *Verbum Domini* (2010) e *Evangelii Gaudium* (2013), como do ardor missionário de nossos países, sobretudo, do Brasil.

AIDM foi elaborado dentro da *Secção de Catequese* do *Departamento de Missão e Espiritualidade* do CELAM, por sua equipe de reflexão e outros assessores[7]. Seu título além de voltar à questão central da *formação de discípulos missionários* (cf. DAp, n. 240-346) acentua também o espírito com o qual devem ser iniciados os novos discípulos missionários, ou seja, a *alegria*; ela não somente está ínsita à palavra *evangelho* (alegre anúncio), mas também é tema da programática *Exortação Apostólica* do Papa Francisco, *Evangelii Gaudium* (A Alegria do Evangelho), refletindo, igualmente, o Sínodo de 2012 sobre a Nova Evangelização.

Dando uma nova roupagem ao tradicional método ver-iluminar-agir (antigo *ver-julgar-agir*), o documento está dividido em três pontos: **1.** *Contemplar*: que faz uma leitura dos problemas da Catequese no continente, fazendo um apelo para *superar a crise na transmissão da fé*, através de uma *conversão pastoral* em direção de um novo paradigma; **2.** *Discernir*: que propõe e aprofunda o novo paradigma catequético de *IVC* através da dinâmica catecumenal e **3.** *Propor*: faz sugestões concretas nas quatro dimensões do agir catequético, com relação à *Igreja* (comunidade catequizadora, "em saída" e disposta

---

5 CELAM – DEPARTAMENTO DE MISIÓN Y ESPIRITUALIDAD. *La alegría de iniciar discípulos misioneros en el cambio de época. Nuevas perspectivas para la catequesis en América Latina y el Caribe*. Documentos CELAM 195. Bogotá, D.C: 2015. Em português: *A alegria de iniciar discípulos missionários na mudança de época*. Brasília: Edições CNBB, 2015.

6 CELAM. *A Catequese na América Latina*: linhas gerais de orientação. São Paulo: Paulinas, 1983.

7 Participaram da equipe de redação: Sra. Carmita Coronado (Equador), Ir. Irene Nesi (Venezuela), Ir. Balbino Juárez (Porto Rico), Ir. Enrique García Ahumada (Chile), Pe. Luiz Alves de Lima (Brasil), Pe. Jânison de Sá Santos (Brasil), P. José Luis Quijano (Argentina), P. Omar Osiris López (México), todos coordenados pelo secretário executivo do *Departamento de Missão e Espiritualidade*, P. Felipe Jesús de León Ojeda (CELAM).

à conversão pastoral), à *Catequese* (a serviço da IVC), aos *Catequizandos* (priorizando os adultos) e ao *Catequista* (como testemunha e mistagogo).

Esse documento AIDM é um texto breve, denso e provocativo; apresenta-se com uma linguagem simples que, sem ser acadêmica ou erudita, é profunda e de fácil compreensão. Claro que, tratando-se de IVC aparecem alguns termos de origem grega, um pouco raros no nosso vocabulário comum, porém, de compreensão não tão difícil, como: querigma, catecumenato (não confundir com o *neo-catecumenato*), paradigma, mistagogia, mistagogo, entregas, escrutínios, exorcismos..., e outros. Infelizmente, a capa (na edição oficial em castelhano) é a negação de tudo o que se diz no documento sobre o *novo paradigma* da Catequese, todo ele voltado para os adultos; mas na capa há um grupo de crianças (lindas!), sorrindo. Na edição em português, com uma capa bem melhor, há, na parte de baixo, uma paisagem urbana com montanha, mar e grandes edifícios e uma grande manifestação popular com bandeiras de diversos países; por sobre esta paisagem brota um mapa estilizado da América do Sul, América Central e do Norte com setas, simbolizando a Igreja em saída missionária.

Apresentamos aqui essa reflexão que nos vem do episcopado latino-americano, dando significativa contribuição para a compreensão, aprofundamento e meios para o tema da IVC, cuja urgência em nossas Igrejas se faz sentir tanto pelos documentos[8] como pela renovação da Catequese atualmente em curso. Seguindo o clássico método *ver-iluminar-agir*, de origem europeia, mas muito inculturado e usado entre nós, desde os anos 60, a AIDM possui três partes: *contemplar*, *discernir* e *propor*. São palavras significativas que trazem novo frescor ao velho esquema *ver-julgar-agir*.

---

[8] Basta citar o documento maior da CNBB. *Diretrizes Gerais da Ação Evangelizadora da Igreja no Brasil*. Em sua edição 2015-2019, mantém e reforça as grandes urgências já apontadas para o quadriênio anterior, convocando a Igreja a tornar-se "casa da IVC" e determinando mais uma vez que a *catequese* adquira uma *inspiração nitidamente catecumenal* na transmissão da fé (cf. DGAE n. 41-46; 83-92).

1. Contemplar

O primeiro capítulo *contempla* o caminho pós-conciliar da Catequese na América Latina e Caribe (I. 1: n. 3-37): sua perspectiva é a partir da misericórdia amorosa do Pai (1)[9], e da uma memória agradecida pelo esforço evangelizador nesses últimos anos (3). Reevoca os grandes textos conciliares e pós-conciliares (5), particularmente as duas Semanas Latino-Americanas de Catequese SLAC (6, 8), do *DGC* (9), os dois documentos do CELAM: *Lineas comunes*[10] e *Catequesis en la América Latina* (7, 10) e a 3ª. SLAC com seu documento *A caminho de um novo paradigma de catequese*[11], contribuição integrada em *Aparecida* (12-13). Tudo isso expressa com grande clareza o rosto do novo paradigma de nossa catequese: "encontro com Jesus, missionariedade, discipulado, conversão, iniciação à vida cristã, querigma, primeiro anúncio, mistagogia, catecumenato, dimensão litúrgico-celebrativa, orante e simbólica na transmissão da fé" (n. 14).

O item I.2, *desafio de anunciar a Boa Nova*, é analisado dentro da atual *mudança de época*: apresenta as hodiernas mudanças vertiginosas e o desgaste do modelo tradicional de catequese; a leitura dessa mudança é crítica e esperançosa (cf. n.15-17). Hoje há uma busca de felicidade sem Deus e muita catequese tornou-se evento social superficial sem conversão; diante de uma mobilidade humana desenraizadora, questiona o significado de uma catequese territorial (cf. n.19). A globalização, por outro lado, nos lança para uma catequese sem fronteiras, em direção a todos (cf. n. 20). O avanço tecnológico favorece maior interação, fazendo do espaço virtual casa e lugar de encontro, forçando a catequese buscar novas linguagens (cf. n. 21). A economia gera exclusão e iniquidade, provoca cultura do consumo e do desperdício, transformando as celebrações sacramentais em ostentação de *status social*, e a catequese em "estação de serviços onde o *cliente, com pressa, busca o melhor preço e exige atenção qualificada* (cf. n. 22).

AIDM analisa a ciência, os projetos políticos e os dramas ecológicos (23-25), *desembocando* no forte n. 26 ss.: a América Latina mantém forte religiosidade, mas a catequese não consegue oferecer as razões necessárias para fundamentá-la; não poucas vezes ela se deixa contaminar pela secularização e relativismo ético e burocratização.

Diante disso, somos chamados *a superar a crise na transmissão da fé* (I.3), pois as instituições encarregadas de transmitir a herança espiritual estão em crise: família,

---

9 Se não houver outra indicação, aqui os números entre parênteses significam os números dos parágrafos de AIDM.

10 Cf. nota 3 acima.

11 CELAM: III Semana Latino-Americana de Catequese. *A caminho de um novo paradigma de catequese.* Tal semana foi realizada em Bogotá, em 2006, em preparação à V Conferência Episcopal da América Latina e do Caribe, em 2007, em Aparecida. Publicado pelas Edições CNBB: Brasília, 2008.

paróquia, escola, movimentos eclesiais que renovam, sim, mas desvinculam da Igreja local (n. 27-28). Há insatisfação generalizada com a catequese tradicional: exclusiva preparação sacramental sem perseverança na comunidade, metodologia escolarizada dependente de textos, formação ineficiente de catequistas (n. 29-33).

Essa primeira parte *contemplar* se conclui com um apelo à *conversão pastoral* como condição *para a Missão Continental* (I.4.), grande sonho utópico de *Aparecida* para o qual se espera importante contribuição da catequese (n. 34-35). É preciso "gerar um processo de conversão pessoal, pastoral e missionária que parta do encontro com Cristo" e "recomece desde Cristo" (n. 36). Nossa resposta é a *proposta operativa* de *Aparecida*: "a IVC precisa ser a maneira ordinária e indispensável para realizar a evangelização" (37).

2. Discernir

O segundo capítulo intitula-se *Discernir: alguns critérios de iluminação*. Como sabemos o segundo momento desse conhecidíssimo método consiste em iluminar, esclarecer, compreender melhor o tema proposto, à luz da Sagrada Escritura, do Magistério e da reflexão teológico-pastoral. Esse segundo capítulo é dividido em 4 pontos: **1.** Novo paradigma da Catequese; **2.** A Catequese, momento no itinerário da formação dos alegres discípulos missionários; **3.** A formação para o ministério da Catequese no novo paradigma; **4.** A comunidade cristã fonte, lugar e meta para a Catequese.

Não iremos fazer uma análise em base a esses quatro pontos citados, porém sinalizaremos algumas considerações para além do texto. Vejamos.

2.1 Discernir a partir da Palavra de Deus e da Tradição

A primeira luz que nos esclarece a compreensão, o discernimento do tema da IVC, o *Catecumenato*, ou ainda, uma *Catequese de inspiração catecumenal*, é a Palavra de Deus. De fato, esse capítulo, logo depois do título, traz uma citação bíblica: "Deus concede ciência aos que sabem discernir" (*Dn* 2, 21). É um costume que vem de São João Paulo II: quase sempre ele iniciava seus textos, ou parte deles (capítulos) citando a Palavra de Deus. Tal costume é observado também em muitos documentos eclesiais. Esse versículo pertence à oração do jovem Daniel agradecendo a Deus o dom de entender, decifrar, compreender, discernir os sonhos de Nabucodonosor. É também nossa oração:

somente à luz do Espírito Santo, podemos conhecer melhor e discernir a vontade de Deus e o que "o Espírito quer dizer às Igrejas" (Ap 2, 29).

Se buscarmos outras citações da Bíblia em todo o AIDM, ficamos decepcionados: são apenas 6 ou 7, e em contextos bem diversos; somos tentados a dizer que o texto é anemicamente bíblico. Porém, analisando mais cuidadosamente, percebemos que ele é perpassado pela Palavra de Deus. De fato, conforme se diz na *Apresentação*, "o Querigma é o fio condutor de todo o processo catequético que tem como finalidade principal levar a pessoa ao encontro com Jesus Cristo vivo"[12]. O texto reflete, sim, um cristocentrismo radical, como também a expressão "primeiro anúncio de Jesus Cristo" domina do começo ao fim. O mesmo se pode dizer da expressão fundamental, tirada do DGC 63-66: *a catequese está a serviço da iniciação cristã* (iniciação ao mistério de Cristo Jesus, da Igreja, iniciação aos sacramentos). Tudo isso leva à concepção de uma catequese missionária, ou seja, concentrada na Palavra de Deus, naquilo que é mais central da mensagem do Evangelho: o anúncio de Jesus Cristo como Salvador e único acesso ao Pai.

Outro conceito que é continuamente refletido e muito baseado na Palavra de Deus, é o de *experiência de Deus, experiência de Jesus Cristo vivo*. A nota 28 do n. 38 do AIDM, já havia se referido à superação de uma catequese doutrinal-nocional (noções sobre Deus, Evangelho, salvação...) em favor de uma mais pessoal-vivencial, que tem a Bíblia como texto fundamental. É com esse novo paradigma que se apresenta *a catequese a serviço da Iniciação à Vida Cristã*.

2.2 Discernir a partir do Magistério da Igreja

Entretanto prevalecem, em todo o texto, as citações do Magistério, dos Documentos de nossos pastores como fonte imediata da reflexão e do discernimento a respeito da IVC. Dom Santiago Silva Retamales na apresentação do AIDM cita as três maiores fontes do documento: *Verbum Domini,* do Papa Bento XVI (2009), *Evangelii Gaudium* (2013), do Papa Francisco e o *Documento de Aparecida* (2007),[13] do CELAM,

Outros 10 Documentos são bastante citados: Vaticano II: *Ad Gentes* e *Dei Verbum* (1965); Congregação para o Culto Divino: *Ritual para a Iniciação Cristã de Adultos* (*RICA*, 1972); Paulo VI: *Evangelii Nuntiandi* (1975); DECAT: I Semana Latino-americana de Catequese: *A comunidade catequizadora no presente e futuro da América Latina* (Quito, 1982); CELAM: *Documento de São Domingos* (1992); Congregação para o Cle-

---

12 AIDM. *Presentación*, p. 9 (da edição do CELAM e p. 10 da Edições CNBB).
13 AIDM. *Presentación*, p. 8(da edição do CELAM e p. 10 da Edições CNBB).

ro: *Diretório Geral para a Catequese* (1997); João Paulo II: *Catechesi Tradendae* (1979) e *Ecclesia in America* (1992); Bento XVI: *Sacramentum Caritatis* (2006); CELAM: III SLAC, *Rumo a um novo paradigma de catequese*, Bogotá 2006.

2.3 Novo Paradigma da Catequese

No texto do CELAM, esse é o primeiro item do Capítulo II: *Discernir*. Sua finalidade é aprofundar a compreensão e os caminhos de um novo paradigma de catequese e sua inspiração catecumenal (cf. AIDM n. 38-51). Quando se fala de *paradigma* pensamos em algo mais do que *modelo*; mudar modelos muitas vezes significa mudança de métodos ou formas de fazer catequese, e isso não altera sua natureza. O conceito de *paradigma* significa mudanças radicais, que tocam a própria substância ou estrutura da catequese. Não se trata só de alterar metodologias, ou alguma *maquiagem* no modelo atual. O Documento fala muito bem de "conversão pastoral" (n. 38-39): conversão é mudar de direção, de caminho (em hebraico: *shûb*), ou, como diz a palavra grega *metanoia*, é mudança de mentalidade! *Novo paradigma* significa alteração de certa profundidade.

Trata-se de propor uma catequese que proporcione vivência ou experiência do mistério da pessoa de Jesus a tal ponto que ela possa levar a um "verdadeiro contato pessoal com Jesus Cristo vivo"[14]. Somente num segundo momento virá o aspecto doutrinal da fé, tão tradicional da catequese. É impressionante quantas vezes aparece em *AIDM* a expressão experiência ou correspondentes, como experiencial (quase 40 vezes), que traduz esse novo paradigma. Foi um dos conceitos muito usados pelo *Catecismo da Igreja Católica* e que também dominou o Sínodo de 2012 sobre a *Nova Evangelização*, sobretudo seu *Instrumento de Trabalho*.

E, qual será a metodologia para levar as pessoas, nossos adultos, jovens e crianças, à experiência de Jesus Cristo? O caminho mais eficaz, conforme a tradição cristã é a *mistagogia*, um conceito tão antigo quanto o cristianismo e que a Igreja, nos dias de hoje procura resgatar, juntamente com o Catecumenato. Quase ao final do n. 39 de AIDM (cf. também n. 50) há uma possível definição (descrição) de mistagogia: "a mistagogia é a ação de introduzir os catecúmenos e catequizandos nos mistérios da fé através das celebrações e do *ensinamento*[15]". Essa dimensão orante, celebrativa e litúrgica da catequese, à qual se acrescentam também outros símbolos e sinais (inclusive a arte cristã,) é a mistagogia, caminho que realiza uma verdadeira IVC. A palavra *mistagogia*, etimologicamente, significa

---

14 João Paulo II. *Catechesi Tradendae*, n. 5.

15 Na verdade, o *ensinamento* faz parte da *Mistagogia* considerada como o 4º. Tempo do Catecumenato, e evoca mais o aspecto *intelectual, doutrinal*! Aqui seria melhor usar a palavra *aprendizado*.

"condução ao mistério", assim como "pedagogia" significa "condução da criança". Portanto, a missão do verdadeiro catequista, mais do que *pedagogia*, é, sobretudo, *mistagogia*. Ele é mais um *mistagogo*[16] do que pedagogo ou seja: sua missão é mais de *iniciação* do que de puro *ensino*, embora esse seja também importante.

E o que é essa *iniciação*? O que significa do ponto de vista antropológico, religioso, cristão, catequético? O AIDM não trata desse tema, porém, sua compreensão é essencial ao *discernir*... Iniciação é muito mais que ensino ou instrução, características típicas de nossa catequese tradicional. *Iniciação* está sempre relacionada ao conceito de **mistério**. Muitas vezes não se entende o que é *iniciação*, pois não se entende o que é mistério, ou se confunde com outros termos (doutrina, ensinamento, aprendizagem escolar, decorar conceitos...). O mistério é sempre algo que nos ultrapassa, que está acima de nós, algo de sublime, longe de nossas experiências do dia a dia, mas cuja experiência toca profundamente nossa existência, como são os *mistérios cristãos*.

Os processos de iniciação no cristianismo primitivo se inspiravam em práticas judaicas que os israelitas usavam para introduzir os prosélitos estrangeiros, à fé e costumes judaicos. Porém, logo a IVC também se inspirou em práticas das *religiões mistéricas* que ajudavam os pagãos a terem contato com a divindade, com o conhecimento supremo, superior, através da *gnose* (tão combatida pelo Evangelho de João). Mas, o *conteúdo* cristão era totalmente novo; o mistério ao qual o catecúmeno deve ser iniciado é a *Pessoa de Jesus Cristo* que é a Sabedoria suprema de Deus para nós, mistério outrora escondido e que agora foi revelado a nós pela fé (cf. Ef. 3, 4-6, 9-12). Os cristãos lançaram mão, portanto, da *metodologia mistérica*, e não do conteúdo.

A esse processo de mergulho no mistério de Jesus chamou-se "Catecumenato". Trata-se de um processo de iniciação no seu sentido mais profundo e rico. A etimologia da palavra *iniciação* é: *in-ire* = ir para dentro; *in-íter* = encaminhamento, *intro-dúcere* = conduzir para dentro, introdução. É um conceito e palavra que não se encontra na Bíblia, mas provém das culturas; sua origem é, pois, antropológica, e não bíblica. Porém, a Bíblia está repleta do conceito de *mistério*, sobretudo no Novo Testamento, nos textos paulinos.

Depois dessas considerações, podemos entender o n. 43 de AIDM: "Entende-se como iniciação à vida cristã o processo pelo qual uma pessoa é introduzida no mistério de Jesus Cristo e na vida da Igreja, através da Palavra de Deus e da mediação sacramental e litúrgica, que acompanhe as mudanças de atitudes fundamentais de ser e existir com os outros e com o mundo, em uma nova identidade como pessoa cristã que teste-

---

16 Cf. AIDM III. 4 (título), 143.

munha o evangelho inserido em uma, comunidade eclesial viva e testemunhal"[17]. E por que IVC? No Brasil começou-se a acrescentar "à vida" para acentuar a repercussão da fé na existência humana concreta; tal expressão está agora presente em AIDM e começa a ser usada em muitas partes da América Latina.

Imediatamente o texto[18] passa a falar do *Rito de Iniciação Cristã de Adultos* (RICA).[19] Trata-se de um dos pontos chaves do novo paradigma de catequese. O RICA não é um livro de catequese, mas de Liturgia. É o ritual litúrgico para o Batismo de Adultos, fruto do Vaticano II (sua primeira edição típica foi no longínquo 1972; em português: 1973). Em seu primeiro e principal capítulo, descreve minuciosamente os passos, o caminho que um Adulto percorre rumo ao batismo. Portanto, nele se encontram ritos, celebrações, orações, leitura da Palavra de Deus que acompanham o adulto rumo ao Batismo, e nada de catequese, no sentido de ensino dos conteúdos da fé cristã; para isso, há a tradição dos *catecismos*, cujo exemplar maior e de grande autoridade é o precioso volume do *Catecismo da Igreja Católica*.

E aqui entendemos porque se insiste tanto em uma "Catequese mistagógica", sobre a qual o Papa Francisco também falou na Exortação Apostólica *Evangelii Gaudium* (n. 73-74): é catequese que leva muito em conta as celebrações, práticas e sugestões do RICA, ou melhor, que é conduzida ao ritmo do RICA. A verdadeira iniciação não se faz como no ensino escolar, não é uma aprendizagem de doutrinas ou mesmo de histórias e fatos sobre Jesus e a História da Salvação! É um processo complexo do qual faz parte, sobretudo a *Liturgia* e toda dimensão celebrativa e orante da fé. O ensino da doutrina, ou o ensino do *catecismo*, é também importante, mas vem em segundo ou terceiro lugar... A verdadeira catequese é fruto de três grandes livros: em primeiro lugar e acima de tudo, as *Sagradas Escrituras*, a Palavra de Deus viva e eficaz, sobre a qual tanto insistiu o Vaticano II (*Dei Verbum*) e Bento XVI (*Verbum Domini*); depois o *RICA*, representando toda dimensão orante, celebrativa, litúrgica da fé... e, por fim, mas não menos importante, o *Catecismo da Igreja Católica*. É só "bater bem num liquidificador..." e servir...! Na verdade, o *Itinerário Catequético*[20] já faz essa interação!

Estamos falando já da complexa realidade da IVC tal como é descrita no RICA, que, a mandato do Vaticano II, restaurou o *Catecumenato*, com todos os seus *tempos*,

---

17 Cf. também os n. 39 e 60.
18 Cf. AIDM n. 44-45 ss.
19 SAGRADA CONGREGAÇÃO PARA O CULTO DIVINO: *Ritual de Iniciação Cristã de Adultos* (RICA). São Paulo: Paulinas, São Paulo, 2003.
20 CNBB/CEP/ABC. *Itinerário Catequético. Iniciação à Vida Cristã. Um processo de inspiração catecumenal.* Brasília: 2015³. São apresentados esquemas para a iniciação de pessoas de quatro idades distintas: adultos catecúmenos, adultos catequizandos, crianças, adolescentes/jovens.

etapas (graus, ritos de passagem), celebrações, ritos, entregas, escrutínios. No Concílio Vaticano II o RICA foi elaborado em vista da missão *ad gentes*, isto é, para povos ainda não cristãos... Entretanto, hoje ele é pensado e usado também, e, sobretudo, para nós que vivemos em países de antiga cristandade, mas que, pelo fenômeno da descristianização, tornaram-se também países de missão. É a célebre proposta de Papa Francisco de uma "Igreja em saída", que corre em direção das periferias existenciais. AIDM descreve, então, esse complexo processo de Iniciação à Vida Cristã, chamado também *Catecumenato* ou ainda, *Catequese de inspiração catecumenal* (cf. 44-51).

Ao final do capítulo II de AIDM encontra-se um *quadro* que mostra sinteticamente o processo da IVC com seus quatro tempos e três etapas, catequeses, ritos, escrutínios, entregas, etc. (talvez tivesse sido melhor colocá-lo ao final do item II.1). É um quadro bastante recorrente, adaptado por mim e usado num *Estudo da CNBB*[21]; nele foi mantida a linguagem do RICA em sua reedição de 2001 em português (o castelhano usa linguagem mais próxima ao original latino).

A seguir, faço um pequeno comentário às várias partes do processo de IVC conforme o RICA, e assumidas pelo presente documento AIDM.

O *pré-catecumenato*: (pré, pois antecede o verdadeiro Catecumenato) é o tempo do primeiro anúncio, e nele, o Querigma. Trata-se de um trabalho eminentemente missionário, ou seja, despertar nas pessoas que estão fora da Igreja ou afastados, o interesse por Jesus Cristo, o encantamento por Ele e seu Evangelho, suscitar o desejo de começar um caminho de busca e aprofundamento. Da parte dos *iniciadores*, *evangelizadores* ou *pregadores*, como diz o n. 46, é tempo de "testemunho, diálogo, busca, anúncio explícito da pessoa de Jesus...".

Essa é a atividade mais desafiadora da Igreja hoje. Aqui se encontra uma das maiores dificuldades da Evangelização, também porque nós católicos não temos experiência recente de anúncio querigmático, de missão verdadeira, coisa que os evangélicos (os bons evangélicos!), por exemplo, têm. Nós, católicos, temos sim experiência de missão, mas em países que antigamente se chamavam "de missão", onde não há uma cultura e muito menos a tradição de uma vivência cristã, onde não há resquícios de cristandade. Para nós, *missionários* eram e são os heróis da fé, que deixam pátria, família, língua, hábitos e raízes culturais e vão para "países distantes" para levar a luz do Evangelho. Mas, falar de missão entre nós, países de relativa vivência histórica do cristianismo, seria, para alguns "chover no molhado", seria falar de algo que *todo mundo* já conhece, já sabe. Entretanto a verdade é essa: países de antiga cristandade tornam-se hoje países

---

21 Cf. CNBB. *Iniciação à Vida Cristã. Um processo de Inspiração catecumenal* (Estudos da CNBB 97). Brasília: Edições CNBB, 2009, p. 49.

de missão, e toca a nós, anunciar Jesus Cristo, seu Querigma e Evangelho, a pessoas sacramentalizadas, mas não evangelizadas nem convertidas. Isso é "primeiro anúncio" ou... "segundo primeiro anúncio" (E. BIEMMI). Devemos dizer também que os responsáveis por esse *precatecumenato*, ou anúncio missionário, não são os catequistas, mas é responsabilidade de toda a comunidade.

No esquema do RICA, terminado esse pré-catecumenato, ou anúncio querigmático, e para aqueles que se encantam com a Pessoa de Jesus e dão sinais de uma primeira conversão e vontade de maior aprofundamento, segue-se a *primeira etapa*, ou primeira grande celebração de passagem e entrada no tempo seguinte, que consiste, justamente no *Rito de Admissão ao Catecumenato*.

Inicia-se, então, o segundo tempo, chamado *Catecumenato propriamente dito*: é o mais longo de todos. Como se lê em AIDM no n. 47, ele é dedicado "à catequese e à experiência integral de vida cristã: confissão de fé, celebração, oração e mudança de vida pessoal e social. A Catequese é integral, centralizada na Palavra de Deus e no conhecimento da história da salvação". Neste contexto e dentro desse *Catecumenato* nasceu a Catequese, tal como a conhecemos, com característica bem definida: é tempo de *ensino doutrinal* e *aprendizado*, mas envolvido nesse clima mistagógico proporcionado por todos os processos da IVC.

Nos séculos V-VI, com o advento do longo período da (gloriosa) cristandade, desapareceu esse intenso e longo processo catecumenal, e sobreviveu apenas a *catequese com sua característica doutrinal*, sobretudo depois do Concílio de Trento, em que surgiu a era dos catecismos. Entretanto, durante a cristandade havia um fato que lhe dava sustentação, ou seja, o clima cristão que se vivia: a transmissão familiar da fé, a vida religiosa que perpassava todas as atividades quotidianas, inclusive as festas, calendário, usos, costumes, as artes (literatura, arquitetura, pintura...), enfim, todo o imaginário e prática cristão-católica. Os historiadores chamam a esse fenômeno de *catecumenato social*: todo o clima cristão que se respirava fazia as vezes da dimensão mistagógica do Catecumenato antigo. Aqui sim, no segundo tempo do Catecumenato, está situado o trabalho importante e ingente dos catequistas. São os mestres, *doctores* (doutores: aqueles que sabem) que têm a capacidade de ler as Sagradas Escrituras, interpretá-las corretamente, ensinar a doutrina e, juntamente com os ritos e celebrações desse período, *iniciar* os catecúmenos nos mistérios da fé.

Os que concluem esse longo tempo do *Catecumenato* são considerados eleitos, ou seja, aptos a receberem os sacramentos da fé e isso é celebrado na *segunda etapa* (eleição) que os introduz no tempo breve, com relação ao anterior, chamado *Iluminação e purificação*. Corresponde à Quaresma, período instituído justamente para a preparação imediata dos eleitos em vista dos sacramentos que, depois, a Igreja sabiamente estendeu a todos os cristãos, para que, anualmente refizessem a caminhada batismal. E até hoje a Quaresma tem esse sentido. Nesse tempo quaresmal há os ritos, celebrações e entregas, como também as catequeses pré-batismais tão ricas na antiguidade e que gerou grande parte da literatura patrística, pois aqui cessava a missão do catequista, e o próprio bispo é quem fazia tal Catequese. Tudo culmina na noite santa da Vigília Pascal (e é a *terceira etapa*) quando os catecúmenos, e hoje também os catequizandos, recebem os sacramentos. Para os adultos eram ministrados os três sacramentos numa só grande celebração Pascal, norma que continua até hoje (cf. AIDM 48-49).

O último tempo da IVC era e é ainda o tempo da *Mistagogia*. Essa palavra, como vimos, designa todo o aspecto litúrgico-celebrativo-orante-simbólico da catequese. Mas significa também esse longo momento que vai da noite pascal até Pentecostes: 50 dias também eles instituídos em vista do Catecumenato. Os Santos Padres (Cirilo de Jerusalém primeiramente) faziam catequeses pós-batismais a partir das Escrituras, sobretudo dos textos paulinos sobre a nova vida em Cristo e a partir da experiência que os neófitos tinham vivido ao receber os sacramentos da Iniciação Cristã. AIDM nos n. 50-51 dá muita importância à comunidade, seu testemunho e acolhida com relação aos novos membros gerados nesse longo e complexo processo iniciático.

Infelizmente, em muitas de nossas catequeses hoje, ao invés de um novo nascimento ou geração de novas vidas cristãs para a comunidade, vemos (e é triste dizê-lo) um verdadeiro *aborto*, ou *nati-mortos*; de fato, a catequese, tal como nós a conduzimos (com gloriosas exceções), não consegue radicar na vida da comunidade os que são sacramentalizados: recebem os sacramentos e dentro de não pouco tempo abandonam tudo, se afastam e... quem sabe, no momento de outro sacramento (matrimônio, ou exéquias!) retornam para receberem mais um sacramento sem viverem de fato o que eles significam. Se a Igreja fosse uma empresa, estaria trabalhando no vermelho, com resultados supernegativos. É o que dizem a frieza dos números e das estatísticas. Ainda bem que não somos uma empresa... e cremos que a graça do Espírito Santo fará frutificar bem mais tarde, quem sabe, essa semente plantada no coração do jovem ou da criança quando foram sacramentalmente "iniciados" na fé, mas não existencialmente.

Ao final dessa exposição do RICA, que AIDM faz resumidamente, deve-se dizer que ele precisa ser adaptado também para o *Catecumenato* ou *Catequese de dimensão catecumenal* para jovens e crianças. Na verdade, o capítulo V do mesmo RICA já apresenta uma proposta de adaptação de *um catecumenato para* crianças. O RICA não é uma camisa de forças, mas permite grande flexibilidade e possibilidades de adaptação às mais diversas circunstâncias e necessidades.

No segundo item da primeira parte do capítulo II (II.1.2) o texto AIDM retoma o tema do *Querigma*, insistindo na ideia de que é o passo indispensável para depois iniciar a Catequese. O Querigma deve ser anterior a tudo; ele já deve suscitar um encontro com Jesus Cristo vivo e despertar para um maior aprofundamento em seu mistério (n. 52 e 55). No item seguinte (II.1.3) desenvolve o tema da Igreja missionária e consequente catequese missionária, considerando-a como parte da *missão continental* (n. 56-59) proposta pelo *Documento de Aparecida* (cf. n. 551)

2.4 A Catequese a serviço da Iniciação à Vida Cristã

O final do n. 41 de AIDM, ainda no item II.1.1, assim afirma: "a verdadeira Catequese é a que está serviço dos processos de iniciação cristã". Não está citado, porém, essa é uma das mais importantes afirmações do *Diretório Geral para a Catequese* (n. 65; cf. título maior antes do n. 63) que é retomado agora em AIDM como título do item II.1.4, repetindo a necessidade e anterioridade absoluta do anúncio querigmático com relação a outras questões catequéticas. Diz o n. 60: "Na atual sociedade secularizada sob a influência de uma cultura globalizada laicizante não se pode pressupor a fé e, portanto, é preciso dar o espaço e tempo necessários ao primeiro anúncio e ao querigma. É um tempo anterior à catequese (ou pré-catequese) que desperta as interrogações profundas do ser humano...". Volta à questão da *experiência* de vida cristã que não pode ser reduzida a um mero ensino: "A catequese de inspiração catecumenal é uma *experiência de vida cristã* que parte do testemunho da comunidade e se explica pela revelação de Deus na história da salvação. É uma formação para a vida cristã e, portanto, mais que um ensinamento" (*AIDM*, n. 61).

Ainda no item II.1.4, AIDM desenvolve algumas interessantes notas teológicas a respeito da *natureza do Catecumenato*: 1) a IVC é obra do amor do Pai; 2) é realizada na Igreja e pela Igreja; 3) com a decisão livre da pessoa humana; 4) na Iniciação Cristã há o diálogo de salvação (cf. n. 62)[22]. Três parágrafos seguintes (n. 63-66) são dedicados aos Sacramentos, reafirmando a unicidade dos três Sacramentos da IVC, centrados na Páscoa do Senhor: "Portanto, a Catequese não poderá ser polarizada num dos três sacramentos da iniciação nem ignorar a celebração dos outros sacramentos da iniciação" (n. 65). E conclui, reafirmando pela 3ª. vez: "A catequese está *a serviço da Iniciação à Vida Cristã em seu conjunto*. Celebrar um sacramento é crer e assumir a missão de Jesus

---

[22] Na verdade, essas quatro características teológicas do catecumenato apontadas ao longo do n. 62 resumem o que está dito nos n. 62-66 do texto da CNBB. *Iniciação à Vida Cristã. Um processo de Inspiração Catecumenal* (Estudos da CNBB 97). Brasília: Edições CNBB, 2009.

na realidade em que vivemos. A atividade catequética como um elemento importante da iniciação à vida cristã implica um longo processo vital, de introdução dos cristãos ainda não totalmente iniciados, seja qual for sua idade, nos diversos aspectos essenciais da fé cristã" (n. 66). Finaliza com uma citação da CT n. 23: "A vida sacramental se empobrece e converte-se rapidamente em ritualismo vazio, se não for baseada em um conhecimento sério sobre o significado dos sacramentos, e a catequese se intelectualiza, se não ganha vida na prática sacramental" (n. 66).

2.5 A Iniciação à vida cristã no recente magistério

Com 18 citações do recente magistério eclesial pontifício e latino-americano, o título e conteúdo do item II.1.5 aprofunda o significado da IVC com 7 *afirmações substanciais* que aqui numeramos, ressaltando algum aspecto que encontramos no AIDM nos n. 68-74:

1. *Iniciar ao encontro com Jesus que se manifesta em sua Palavra*: "... Progressivamente, o catequista ajudará o catequizando não só a reconhecer figuras, fatos e expressões próprias do texto sagrado, mas a compreendê-los a partir da *Tradição* da Igreja".

2. *Iniciar ao encontro com Jesus que se manifesta na beleza do criado por Deus e pela humanidade* (beleza da criação... iconografia e simbologia religiosa): Beleza e verdade chegam a encontrar-se.[23]

3. *Iniciar ao encontro com Jesus que se manifesta como boa nova e esperança*: "A dinâmica querigmática de proposta próxima, aberta ao diálogo, paciente e cordial deve suscitar em quem a recebe uma atitude de mudança inicial e um desejo de perseverar junto a outros neste caminho de seguimento".

4. *Iniciar ao encontro com Jesus que se manifesta no mistério celebrado*: "... A dimensão mistagógica permite dar sentido pleno ao mistério que se revela no encontro sacramental com Jesus".

5. *Iniciar ao encontro com Jesus que se manifesta no pobre e na comunidade*: "A iniciação à vida em comunidade se complementa com a iniciação ao descobrimento de Deus presente nos pobres, nas periferias humanas e urbanas".

---

[23] Cf. GLEISER. Marcelo. *Beleza e verdade* (artigo na secção Ciências da Folha de São Paulo: 11/05/2009). São Paulo/SP, 2009.

6. *Iniciar ao encontro com Jesus que se encarna na cultura e piedade de um povo*: "... A piedade mariana e os centros educativos e universitários católicos continuam tendo um potencial pedagógico evangelizador que não se deve desprezar".

7. *Iniciar os que acompanham processos de iniciação*: "...Partindo das necessidades e inquietações [dos catequistas] deve-se proporcionar-lhes experiências formativas que lhes permitam viver em primeira pessoa o processo de conversão, iniciação e a incorporação à vida cristã, de tal maneira que eles possam acompanhar competentemente a outros. A comunidade que delega a seus catequistas os processos de iniciação se compromete também a dar-lhes acompanhamento contínuo para que eles, por sua vez, acompanhem a outros, especialmente àqueles que avançam de forma lenta no caminho da fé ou experimentam a fragilidade e a pobreza".-

Assim concluímos a primeira parte do segundo capítulo, o mais importante, em que se esclarecem conceitos e se propõe a grande novidade da IVC o novo paradigma da Catequese.

2.6 Catequese como momento no itinerário da formação dos alegres discípulos missionários

A segunda parte do capítulo II, *Discernir*, é dedicada a um dos grandes projetos de *Aparecida*, ou seja, a *formação de discípulos missionários*. De fato, situa a Catequese "como momento no itinerário da formação dos alegres discípulos missionários" (título do item II.2). A III SLAC fala dos *itinerários formativos* dos discípulos missionários (ideia depois integrada em *Aparecida*), e entre eles, se coloca a *catequese* que, muitas vezes precisa realizar um trabalho de reiniciação (ou segundo primeiro anúncio!): "Para iniciar o itinerário de formação do discípulo, muitas vezes se faz necessário um novo anúncio que permita ao batizado fazer a experiência de Jesus vivo como Senhor e Salvador de toda a vida e doador do Espírito Santo e aprofundar, mediante a catequese e os sacramentos de iniciação, o crescimento na fé que coloca em comunhão com Cristo e introduz o crente na comunidade eclesial" (n. 77).

E termina situando a Catequese no marco maior do *discipulado missionário*, por que: "formar discípulos missionários na América Latina significa (também) incentivar homens e mulheres a comprometerem-se com sua realidade social, político e cultural; a estar abertos ao diálogo com o mundo e a ser defensores da vida, dos direitos humanos e da natureza, conforme a doutrina social da Igreja" (n. 80).

2.7 Formação para o ministério da Catequese no novo paradigma

O penúltimo item da 2ª. parte de *AIMD* reflete sobre o gravíssimo problema da formação para o ministério da catequese no novo paradigmas (título de II.3) que já apareceu anteriormente (n. 74). Acentua a importância do catequista como comunicador da mensagem (n. 81) a partir de sua experiência (n. 82). Baseando-se nos quatro pilares da Educação, conforme apresenta o relatório para a Unesco da Comissão Internacional sobre Educação para o Século XXI (DELORS, 1996), repetidos em parte pelo DGC (cf. 238) e replicados por outros diretórios catequéticos, como o do Brasil, AIMD apresenta também "as dimensões fundamentais de seu ser, saber, saber fazer e saber conviver" (n. 83; cf. n. 84-87).

Amplia depois tais dimensões com *cinco competências fundamentais* a partir de uma proposta do catequéta italiano Enzo BIEMMI (cf. n. 88, nota 80): competência bíblico-teológica, pedagógica, comunicativa, espiritual e para o acompanhamento. São reflexões estimulantes, que acentuam a necessidade da escuta, respeito da liberdade, confiança, paciência, espírito de serviço, a arte de esperar e, sobretudo, a docilidade ao Espírito (n. 89-93).

2.8 A comunidade cristã fonte, lugar e meta para a Catequese

Chegamos assim ao último ponto do capítulo II: "a comunidade cristã fonte, lugar e meta para a Catequese" (II.4). Esse tema da comunidade é um dos mais desafiadores dos processos de IVC. Pobre catequista que não possui o apoio e o testemunho de uma comunidade viva, alegre, entusiasmada... e feliz do catequista que conta com tal comunidade! O texto, refletindo a *Lumen Gentium,* coloca uma fundamentação teológica, base de toda a Eclesiologia conciliar: a Igreja como um todo e cada comunidade, por menor que seja, nascem do mistério da Trindade e, com a diversidade de dons e carismas, propõem a unidade do Povo de Deus na variedade de suas organizações diocesanas, paroquiais e pequenas comunidades (cf. n. 93).

Desde o Sínodo de 1977 sobre a Catequese e, sobretudo, depois da I Semana Latino-Americana de Catequese (1982) é tradicional na catequética, principalmente na América Latina, dizer que a comunidade cristã é origem, lugar e meta da catequese. *AIMD* comenta essa afirmação nos n. 97-110.

Além da *diocese*, são lugares da catequese: a família, a paróquia, as associações e movimentos, e as pequenas comunidades eclesiais. A escola católica, por sua vez, há de oferecer múltiplas formas do ministério da Palavra aos alunos, pais, professores e funcionários católicos, e aos não católicos, ao menos as etapas iniciais da evangelização (cf. n. 101).

Essa segunda parte de AIDM sobre o discernir, citando *Aparecida*, conclui-se com uma palavra de otimismo sobre a constante renovação das Igrejas Particulares em sua vida e ardor missionário: "Só assim pode ser, para todos os batizados, casa e escola de comunhão, de participação e de solidariedade. Em sua realidade social concreta, o discípulo faz a experiência do encontro com Jesus Cristo vivo, amadurece sua vocação cristã, descobre a riqueza e a graça de ser missionário e anuncia a Palavra com alegria" (n. 102).

3. Propor

O Capítulo III de AIDM apresenta os "novos horizontes para a catequese diante de um futuro carregado de esperanças, mas que implica tempo e paciência"; isso exige conversão dos interlocutores-destinatários e da própria catequese através do dinamismo do Espírito (n. 103). Sem conversão pastoral continuamos com a pastoral de conservação; exige "mudança de mentalidade e uma mentalidade de mudança; novas atitudes: aceitação de novos métodos e estruturas" (n. 104).

As *propostas* (que correspondem ao *agir*) se ordenam em quatro grandes opções. *Optar por* uma *Igreja* comunidade catequizadora *em saída missionária*, disposta à conversão pastoral (1), por uma *catequese* a serviço da IVC, por *catequizandos* prioritariamente adultos (3) e por *catequistas* testemunhas, comunicadores, acompanhantes e mistagogos (4).

3.1 Com relação à Igreja

Com relação à Igreja são feitas essas *Propostas*: a IVC só se realiza numa Igreja missionária; a Igreja precisa deixar de ser centrípeta, sacramentalista e devocional, entregando-se à evangelização como projeto global e unitário. Crescendo em sua *função profética* ela não ficará relegada a *especialistas* do anúncio, mas *todos os seus membros* assumirão essa missão (cf. n. 106-108). A comunhão eclesial exige caminhos comuns para a catequese. O *estado permanente de conversão pastoral* supõe: foco em Jesus Cristo, abertura, diálogo, disponibilidade, corresponsabilidade, participação e testemunho: assim se superarão estruturas caducas. Como *casa acolhedora* a Igreja sai ao encontro do outro, promove a espiritualidade de comunhão e participação, ajuda a Paróquia ser catequizadora com planos pastorais diocesanos, integrando a tecnologia e a arte (cf. n. 109-115).

3.2 Com relação à Catequese

São essas as propostas feitas em relação à *Catequese*: optar pela IVC, o que exige "reestruturação de toda a vida pastoral da Igreja" (n. 116); *catequese iniciática* significa um itinerário pedagógico que acompanha o crescimento da pessoa até à maturidade (cf. n. 116). A catequese ocupe o lugar que lhe corresponde dentro do *processo* da IVC; o Catecumenato batismal e pós-batismal seja assumido em toda a América Latina como maneira ordinária e indispensável da verdadeira iniciação. Tal *catequese iniciática* seja conscientizadora, libertadora e crítica da atual sociedade, propondo novas formas de fraternidade e convivência. Sua primeira finalidade não é *sacramentalizar*, mas percorrer um itinerário de fé e vida cristã, dentro da qual se situam os sacramentos.

O processo de IVC tenha em conta: uso prioritário da Sagrada Escritura, a busca do sentido da vida; fundamente-se no Querigma; favoreça a conversão por *etapas*; dedique-se à *mistagogia* (iniciação ao *mistério* e à sua celebração); dê atenção ao contexto histórico do momento; multiplique os ministérios (introdutores, iniciadores, padrinhos, família); priorize o coração do evangelho e não coisas secundárias; ensine as *verdades* como expressão da beleza do amor salvífico de Deus, como a fé que opera pelo amor despertando a adesão do coração com a proximidade do amor e do testemunho; valorize a fé presente na religiosidade popular; a comunidade cristã seja o seio onde se experimenta Deus; a catequese faça parte do projeto pastoral da comunidade eclesial, como momento articulador de todo projeto evangelizador (cf. n. 117-122). Aqui faltou referir-se ao *RICA* e à sua fundamental importância no processo.

3.3 Com relação ao catequizando

É importante, com relação ao catequizando, optar pelos *adultos*. Os destinatários devem ser considerados interlocutores, com uma multidão de rostos variados. O grande objetivo é formar *alegres discípulos-missionários de Jesus* (n. 123-124).

Propostas: a IVC seja diversificada respondendo à sede de cada um; a Catequese torne-se dialogante para que os destinatários sejam considerados interlocutores e não passivos receptores; é preciso valorizar os novos areópagos e facilitar a integração dos adultos na comunidade e o diálogo Igreja-Mundo, fé-cultura. A metodologia seja de acordo com a evolução das pessoas. Catequizandos e catecúmenos são os primeiros sujeitos de sua iniciação; é preciso valorizar a graça e a resposta da pessoa humana e ajudá-la a reconhecer a Palavra de Deus nos acontecimentos, descobrindo aí sua vocação. Dê-se grande valor às celebrações da fé na liturgia. A IVC seja o modelo de toda catequese e para qualquer idade (cf. n. 125-135).

3.4 Com relação ao Catequista

Com relação ao catequista optar pelo catequista testemunha, comunicador, acompanhante e mistagogo, membro ativo da Igreja e enviado por ela (n. 136).

Propostas: o catequista desenvolva os sentimentos de familiaridade e seguimento de Jesus, com saída de si, indo ao encontro dos outros, sobretudo nas periferias também existenciais; cultive a proximidade, abertura ao diálogo, paciência, acolhida cordial, que não condena; seja testemunha vivo e proclamador silencioso do que anuncia; seja companheiro de caminhada, crente consciente de suas limitações e equívocos; um evangelizador da cultura em que vive. Seja comunicador do Evangelho, alegre mensageiro de propostas positivas, guarda do bem e beleza que provém do Evangelho; adapte a própria linguagem e significados a seus interlocutores assumindo a tecnologia moderna. Além de pedagogo seja, sobretudo mistagogo (cf. n. 137-144).

A **formação do catequista** conforme o novo Paradigma da IVC: também na formação dos catequistas seja assumido o modelo catecumenal, sobretudo a leitura orante e a experiência litúrgica; inspire-se na pedagogia de Jesus, cresça na experiência sacramental, sobretudo na participação da liturgia dominical; o catequista seja capacitado para "instruir o Povo de Deus no conhecimento autêntico das Escrituras" (cf. *VD*), superando o fideísmo, o racionalismo, o fundamentalismo, de maneira que descubra e transmita a mensagem espiritual bíblica; entenda as profundas transformações atuais à luz das ciências sociais; estude e assimile o RICA experimentando, ele mesmo, os ritos previstos no Catecumenato; não se isole do mundo, mas procure dialogar com a sociedade. Os catequistas mais experientes e estudiosos sejam formadores dos outros catequistas e se especializem para serem catequetas (cf. n. 145).

Na **conclusão** AIDM convida todos os comprometidos com a IVC a colocarem os olhos em *Maria*, Mãe de Jesus e de seus discípulos. Seu itinerário de vida nos mostra como viver a fé em Deus, sendo também modelo de escuta e cumprimento de sua Palavra. Seu espírito de serviço delicado, discreto e respeitoso nos ensina a evangelizar. Depois da Ressurreição ela continuou sua missão de acompanhar o crescimento da Igreja com ternura, convicção e fortaleza de discípula fiel. Que ela guie nossos passos nessa nova etapa de Evangelização da América Latina!

Conclusão

O Conselho Episcopal Latino-Americano (CELAM) através de vários meios tem procurado, ao longo dos anos, orientar a Catequese no nosso continente, e sempre o faz conforme as necessidades do momento e, sobretudo, conforme a caminhada eclesial continental, integrada no conjunto de toda a Igreja. Em primeiro lugar, sem dúvida, apresentam-se as quatro grandes Assembleias Gerais do Episcopado da América Latina: e do Caribe *Medellín (1968)*, *Puebla (1979)*, *Santo Domingo (1992)* e *Aparecida (2007)* sempre muito ricas de orientações pastorais à luz dos diversos contextos sócio-cultural-religiosos e das reflexões cristológicas e eclesiológicas dos vários momentos. Mais praticamente, as três Semanas Latino-americanas de Catequese (SLAC): *Quito (1982)*, *Caracas* (1974), *Bogotá* (2007) foram pontos altos da evolução do movimento catequético no continente.

Mais diretamente orientada para a catequese, a palavra segura e clara de seus três grandes documentos catequéticos em distintos momentos, asseguraram o zelo e proximidade dos pastores junto à multidão de catequistas de base que carregam, na prática, a responsabilidade da transmissão da fé e sua educação. É nesse contexto que se publica esse terceiro grande documento orientador de nossa catequese continental[24], com o sugestivo título: *A alegria de iniciar discípulos missionários na mudança de época* (AIDM). Ele reflete as vertiginosas mudanças de nosso tempo e a necessidade de maior conversão pastoral para atender a esse sinal dos tempos que nos é dado viver com a alegria que o Evangelho de Jesus sempre nos acompanha. Ao mesmo tempo segue os caminhos apontados por *Aparecida*, na ânsia de formar discípulos missionários, tal como exigem nossas urgências pastorais.

Nesse AIDM estão presentes outras características da Igreja que surgem de *Aparecida*: a necessidade urgente de *conversão pastoral*, também no sentido de mudanças de estruturas, e entre elas, a implantação de um novo *paradigma* de catequese, cuja essência é colocar-se na dinâmica catecumenal da IVC. O modelo de Igreja que inspira todo esse processo é o de uma *Igreja missionária* que acentua na transmissão da fé, sobretudo a essência do Evangelho, o *Querigma*, a ponto de tornar-se o centro gerador e ao mesmo tempo estruturador de todo conteúdo missionário-catequético. Não podemos ignorar, certamente, toda a riqueza que a cristandade, em seus longos séculos de reflexão e de vivência do Evangelho, consolidou numa Igreja segura de si, estabelecida, guia e mestra de humanidade. Entretanto, em tempos de preocupante descristianização de vastos setores da sociedade, e consequentemente de grande apelo evangelizador, a

---

24 Para os dois documentos anteriores, cf. acima, o início da *Introdução*.

Igreja procura, através, sobretudo dos processos de IVC, colocar em primeiro lugar os fundamentos da fé que sustentarão depois as não fáceis consequências do seguimento de Jesus. Resgatando alguns princípios de *Medellín*, Aparecida volta à insistência de que a vivência da fé em Jesus Cristo deve gerar também frutos de transformação da sociedade, de promoção dos mais pobres e necessitados e de progresso de nossos povos. Daí a insistência desse documento AIDM, como nos do Brasil, de colocar o acento na IVC.

Por último, mas não menos importante: esse documento reflete o magistério da Igreja dos últimos papas, mas sobretudo do carismático Papa Francisco. Esse pequeno documento do CELAM transpira por todos os poros a renovação que ele, em todas as dimensões, vem imprimindo à Igreja de hoje. Estão presentes suas fortes expressões que, com um novo e vicejante linguajar, vão direto ao coração do Evangelho, ao seguimento de Jesus Cristo, numa comunicação direta com os mais variados públicos. Desse documento catequético AIDM transparece não só a profunda espiritualidade do Papa Francisco, mas também o modo de como comunicá-la catequéticamente.

Muitas coisas foram escritas sobre a catequese a partir do Vaticano II. AIDM é pequeno em suas proporções, mas não passará para a história simplesmente como mais uma produção do magistério episcopal. Certamente ele, por seu robusto conteúdo, propostas factíveis e linguagem muito próxima dos catequistas, irá produzir muitos frutos e animar a renovação catequética com os novos paradigmas que propõe para a transmissão e educação da fé de nossos adultos, jovens e crianças.

2

Iniciação à Vida Cristã

Conforme a CNBB em seus recentes documentos

Pe. Dr. Luiz Alves de Lima, sdb*

---

* **P. Luiz Alves de Lima, sdb,** é doutor em Teologia Pastoral Catequética, assessor de catequese na CNBB e CELAM, membro fundador da SCALA (Sociedade de Catequetas Latino-americanos) e do SBCat (Sociedade Brasileira de Catequetas), conferencista, professor no *Campus* Pio XI do Centro Universitário Salesiano de São Paulo, nas PUCs de Curitiba e de Goiânia (*Campus* Goiás), e no Instituto Teológico Latino-Americano (ITEPAL) de Bogotá; editor adjunto da Revista de Catequese, coordenador de redação do *Diretório Nacional de Catequese*. Participou do Sínodo dos Bispos de 2012 e do Seminário Internacional de Catequese em Roma (março 2014) e da redação e publicação de *AIDM*. Também foi redator principal do recente documento 107 da CNBB sobre *IVC: itinerário para formar discípulos missionários*, tendo redigido várias de suas partes.

1. Exigências das Mudanças de época

1.1 Descristianização e missionariedade

O tema da IVC se coloca dentro do zelo missionário que perpassa hoje toda a Igreja, preocupada com a descristianização galopante tanto em países de antiga (Europa) como de nova cristandade (Brasil). Não é um tema novo, mas desdobramento do *Diretório Geral para a Catequese* (1977; = DGC), do *Diretório Nacional de Catequese* (2005 = DNC), do Documento de *Aparecida* (2007: uma Igreja em *estado de missão*), da *Missão Continental* (2008), do *Estudo 97* da CNBB (2009), do *Sínodo sobre a Nova Evangelização* (2012), da Exortação Apostólica *Evangelii Gaudium* (*EG*) do Papa Francisco (2013), da sua proposta de uma *Igreja em saída*, e de tantos apelos atuais da Igreja.

Por *Iniciação Cristã* se entende o processo pelo qual alguém é incorporado ao mistério de Cristo Jesus; não se reduz à Catequese, mas inclui, sobretudo a ação celebrativo-litúrgica. A catequese é um elemento, o mais longo e importante, do complexo processo pelo qual alguém é iniciado à fé cristã. Teologicamente falando a verdadeira iniciação se dá na celebração dos sacramentos do Batismo, Eucaristia e Crisma, chamados justamente, a partir do século XIX, de *Sacramentos da Iniciação*. Trata-se de uma iniciação que poderíamos chamar de *sacramental*. A estrutura catequético-iniciática está em função dessa iniciação sacramental e vital, herdada da cristandade.

De fato, pela doutrina do *ex opere operato* a Igreja professa que todo batizado é verdadeiramente incorporado em Cristo Jesus e começa a fazer parte de seu Corpo Místico, do Povo de Deus, da Igreja. No entanto, a expressão *iniciação cristã* passou a significar todo o *processo pós-batismal* percorrido para se chegar a esta realidade da fé do ponto de vista *experiencial* e *existencial*. É a iniciação que, uma vez realizada sacramentalmente, faz com que a pessoa se conscientize, assuma e viva existencialmente essa maravilhosa realidade da vida divina comunicada pelo *mergulho* (batismo) em Cristo Jesus.

O complexo processo que, desde o século II, prevaleceu na Igreja para iniciar os novos membros nos mistérios da fé, recebeu o nome de *Catecumenato*: era um conjunto de pregação (primeiro anúncio) e práticas litúrgico-rituais, ensino, exercício de vida cristã e acompanhamento pessoal que levavam a uma verdadeira conversão ao Evangelho e incorporação na Igreja. Nos séculos V e VI, com a chegada da Cristandade, desapareceu esse complexo processo do Catecumenato; restou, até hoje, apenas o momento do "ensino-instrução" com o nome de *catequese*, em geral dirigida às crianças. A comunidade cristã e a própria sociedade, ou a civilização cristã que impregnava a vida no Ocidente cristão nos longos séculos medievais e início da Idade Moderna, exercia o papel de *catecumenato social*. A primeira experiência fundante da fé vinha da própria família e até da sociedade cristã, de um modo geral. A preocupação ficava reduzida à instrução doutrinal: e essa foi a herança da cristandade que recebemos até o Concílio Vaticano II[25].

Hoje, com raras exceções, nosso povo não possui uma experiência de fé transmitida pela família, na convivência do dia a dia, e muito menos pela sociedade. Não vivemos mais a cristandade. É necessário um trabalho missionário, de primeiro anúncio, de evangelização no sentido mais estrito da palavra: *anunciar Jesus Cristo*. A catequese, tal qual a recebemos e conhecemos como atividade de transmissão da fé e ensino doutrinal, por mais que tenha sido renovada, não consegue realizar sozinha a *iniciação cristã*. Os frutos e as estatísticas aí estão. Preparamos milhares de crianças para a Primeira Comunhão Eucarística, e consideráveis grupos de jovens para a Crisma, mas uma mínima parte continua sua participação em nossas comunidades como membros efetivos e iniciados à fé cristã! E apesar desse resultado negativo (diríamos, *no vermelho*), continuamos a batizar, crismar, distribuir a Eucaristia com os mesmos paradigmas, esquemas, métodos de sempre.

Iniciar é introduzir, mergulhar... Batismo é mergulho e participação no mistério de Cristo morto e ressuscitado! Batizamos sim... com muito esforço de renovação da *Pastoral do Batismo* e dos outros sacramentos da iniciação: *Eucarística* e *Crisma*! Podemos perguntar: essa gigantesca ação pastoral-litúrgico-catequética, esses gestos sacramentais piedosamente celebrados e recebidos são realmente a transmissão e celebração de um mergulho vital no mistério de Cristo Jesus, de discipulado, de um encontro e compromisso pessoal com Ele e sua Igreja? Ou continuamos a insistir num mal entendido *ex opere operato* que permanece gerando uma multidão de batizados não evangelizados? Ninguém duvida que o batismo, celebrado e recebido com fé, é uma real *iniciação ontológica e sacramental* ao Mistério de Cristo. Mas, do ponto de vista existencial e experiencial nada acontecerá se não houver para esses batizados um autêntico processo posterior de IVC.

O Documento de *Aparecida*, com muita audácia, nos convida a "abandonar as ultrapassadas estruturas que já não favoreçam a transmissão da fé" e a uma "conversão pastoral e renovação missionária..." (n. 375; cf. 172-173; 11, 450...)[26]. Ora, assumir com seriedade, eficiência e eficácia o complexo e difícil processo da IVC é um esforço para

---

25 Na verdade, já no final do século XIX e primeira metade do século XX a Igreja, sobretudo na Europa, mas também em diversas partes do mundo cristão, conheceu uma grande renovação da catequese: foi o *movimento catequético*, uma das tantas mobilizações eclesiais que precederam e, de certo modo, provocaram o Vaticano II, como o *movimento bíblico, litúrgico, ecumênico, teológico-querigmático, Ação Católica*...

26 É interessante notar que em todo o texto de **Aparecida** aparecem 46 vezes as palavras "estrutura" ou afins, mas a maioria absoluta se refere às "estruturas sociais... injustas... de pecado...". Apenas umas poucas vezes o termo se refere às mudanças de "estruturas dentro da Igreja" (e esse n. 375 é uma delas...). É mais fácil falar para os outros! E como é difícil mudar alguma estrutura na Igreja...!

colocar em andamento as arrojadas, corajosas e intrépidas propostas dos *Diretórios Geral e Nacional de Catequese* e de outros documentos, como dito anteriormente. Estamos diante de uma mudança de época: não se trata só de aperfeiçoar a Catequese de adultos, jovens e crianças, mas de questionar todo o processo de transmissão e educação na fé que subsiste na Igreja nesta época de grandes desafios, e ao mesmo tempo de grandes oportunidades. A oportunidade é justamente colocar em prática o que desde o Concílio, mas, sobretudo nos últimos anos, se vem falando sobre o retorno atualizado ao *Catecumenato* e à *dimensão catecumenal da Catequese*.

1.2 Retorno à inspiração catecumenal

O Documento de *Aparecida*, faz uma clara distinção, mas também uma profunda relação entre a IVC, como primeira catequese básica na forma de iniciação cristã e a consequente formação permanente. Assim se expressa:

> Assumir essa iniciação cristã exige não só uma renovação de modalidade catequética da paróquia. Propomos que o processo catequético de formação adotado pela Igreja para a iniciação cristã seja assumido em todo o Continente como a maneira ordinária e indispensável de introdução na vida cristã e como a catequese básica e fundamental. Depois, virá a catequese permanente que continua o processo de amadurecimento da fé. (DAp, n. 294).[27]

Isso significa: aquilo que hoje tradicionalmente denominamos "Catequese", deve ser conduzido conforme o *processo de iniciação*, muito mais exigente e comprometedor; não pode reduzir-se apenas à preparação para os Sacramentos, que infelizmente, em nossa realidade, tornam-se com frequência em sacramentos de finalização ou seja, são os últimos contatos que muitas vezes, jovens e crianças têm com a Igreja (a crisma muitas vezes se degenera em sacramento do adeus!). Recebe-se o sacramento, mas a pessoa não é iniciada plenamente na fé.

Estamos acostumados a falar de *iniciação* ou do RICA (livro litúrgico que traça o percurso para se chegar ao Batismo) somente quando se trata de adultos não batizados. Hoje já não é assim. O exigente e muito eficaz processo iniciático é proposto hoje também para batizados (ou seja, já iniciados sacramentalmente, mas não experiencial-

---

[27] O texto original (*4ª Redação*, posteriormente modificada) era mais *contundente*: "Assumir essa iniciação cristã exige não somente uma renovação da catequese, mas também uma reestruturação de toda a vida pastoral da paróquia". A frase, como está na *versão oficial* enfraqueceu a força do pensamento original, além de conter uma imprecisão gramatical, pois falta a segunda parte da frase: "...não só... mas também..."

mente), para quem foi batizado, já fez a Primeira Comunhão Eucarística ou quem já foi confirmado, mas não suficientemente evangelizado e iniciado na fé.

1.3 Sem deixar a dimensão social, aprofundar a dimensão mística

Podemos também refletir que, logo após o Concílio, a Igreja de um modo geral, e especialmente no Brasil, foi guiada e impulsionada, sobretudo pelo grande documento *Gaudium et Spes*: diálogo com o mundo, vivência do Evangelho a serviço da transformação da humanidade, particularmente em favor dos pobres, com suas consequências sócio-políticas. Nesse clima aconteceu *Medellín 68* e nasceu a *Teologia da Libertação*, as práticas de uma pastoral transformadora e voltada diretamente para a situação concreta sofrida e desumana da maioria de nossos fiéis, para o engajamento sócio-político e transformador em nome do Evangelho. Nossa Conferência Episcopal ficou beneficamente marcada por essas grandes intuições do Concílio, sem deixar, naturalmente, tantas outras reformas conciliares!

No contexto do Concílio o documento *Ad Gentes*, como o próprio nome indica, era pensado para as missões, para povos não cristãos, que não conheciam a luz do Evangelho. Sem perder essa característica de *anúncio do Evangelho* para povos com nenhuma tradição cristã (missão nas fronteiras), a Igreja hoje percebe que precisa *anunciar o Evangelho* de um modo explícito e renovador, para povos de antiga cristandade!

No Brasil, embora não sejamos de tão antiga cristandade, também tomamos consciência da necessidade de nos transformar em terra de missão; precisamos ser Igreja missionária, no sentido mais próprio e exato da palavra. Essa é uma das teses centrais de *Aparecida* e do insistente magistério do Papa Francisco falando sempre numa Igreja em saída. Nesse contexto, sem deixar de lado as conquistas à luz da *Gaudium et Spes* e de *Medellín*, precisamos retornar ao documento que ficou um pouco esquecido no pós-concílio, ou seja, ao *Ad Gentes*, pois, pensávamos, eram orientações mais para países de missão.

Missão é aqui, nos grandes e pequenos centros urbanos, missão é para grande maioria de nossa população que cada vez mais se afasta do Evangelho, deixando-se influenciar por uma sociedade longe de Deus, consumista, materialista... Ora, dentre os documentos conciliares, *Ad Gentes*, juntamente com outros, foi o que pediu a restauração do *Catecumenato* como metodologia própria para conduzir, aqueles que optam pelo Evangelho, a uma verdadeira IVC. Portanto, *missão, primeiro anúncio, Catecumenato, IVC*, são conceitos e práticas que começam a fazer parte de nosso dia a dia.

Estamos diante de uma verdadeira mudança de época, diante dos desafios de um novo paradigma; não se trata, como dá a entender o nosso *DNC*, de fazer algumas alterações, renovar superficialmente nossas tradicionais práticas catequéticas, fazer-lhes uma *maquiagem*... Trata-se de mudanças radicais. Precisamos mexer na própria estrutura da tradicional "preparação para os sacramentos" e encarar os desafios de um novo modelo evangelizador-catequético, enfim, um novo paradigma... sem isso, não haverá conversão pastoral, nunca haveremos de "abandonar as ultrapassadas estruturas que já não favoreçam a transmissão da fé" (DAp n. 375).

É nesse contexto que a Igreja se debruça hoje sobre a IVC. Não se trata só de *iniciação cristã*, como tradicionalmente se diz, mas sim de "IVC". Tal expressão procura traduzir a comunicação de uma fé não reduzida à intimidade com Jesus Cristo, mas que tenha reflexos e influências vitais na própria existência, levando à participação da comunidade, que no seu conjunto, deve dar Testemunho do Evangelho.

2. O Estudo 97 da CNBB: Iniciação à Vida Cristã – um processo de inspiração catecumenal (2009)

Em 2008 nossa Conferência Episcopal começou a pensar mais sistematicamente nesse problema e com certa profundidade. A comissão encarregada de elaborar um texto sobre a Iniciação Cristã, entre outras possibilidades tomou como ponto de partida o insistente pedido de *Aparecida:* "Impõe-se a tarefa irrenunciável de oferecer uma modalidade operativa de *iniciação cristã*, que além de marcar *o quê*, dê também elementos para *o quem*, o *como* e o *onde* se realiza. Dessa forma, assumiremos o desafio de uma nova evangelização, à qual temos sido reiteradamente convocados" (n. 287). Acrescentou-se mais um elemento (*por quê?*) e o texto ficou estruturado com **5 capítulos:** I – IVC: **por quê?** – *Motivações;* II – IVC: **o que é?** – *Natureza;* III – IVC: **como?** – *Metodologia;* IV – IVC: **para quem?** – *Interlocutores;* V – IVC: **com quem? onde?** – *Agentes* e *Lugares*.

Embora sejam categorias marcadamente distintas, entretanto elas se completam e estão intimamente relacionadas. Assim, por vezes, ao tratar de uma delas, já se começa a falar da outra e vice-versa, como fica evidente no I capítulo. Pode parecer repetitivo, mas são realidades sempre independentes entre si.

Após reflexões e decisões da Comissão o texto foi redigido por cinco pessoas[28]. Depois passou por uma unificação de linguagem e estilo; retornou à comissão que o reviu, corrigiu, complementou e documentou. Foi, então, apresentado à 47ª. Assembleia Geral da CNBB em abril 2009 que trouxe novos aportes e contribuições, tendo sido aprovado para ser publicado na coleção *Estudos da CNBB*. Por ocasião da *III Semana Brasileira de Catequese* (06 a 11 de outubro 2009, em Itaici, Indaiatuba/SP), cujo tema foi justamente a *IVC*, o texto foi lançado, com grande receptividade entre catequistas.

Teve boa recepção também entre catequetas, pastoralistas, coordenadores e estudiosos em geral. Diante da nova proposta, impactou muito a questão da urgente *mudança de mentalidade*, sensibilização do clero e seminaristas, formação para esse novo paradigma, quer dos presbíteros como dos catequistas, e mesmo agentes de outras pastorais. Os novos caminhos devem ser buscados em primeiro lugar pelos bispos e presbíteros. Os próprios catequistas precisariam vivenciar em sua experiência pessoal os processos iniciáticos da *iniciação cristã*. O mesmo processo da *formação permanente* precisará ser associado à *Iniciação Cristã*. Ainda: como colocar em prática tão grandes exigências em ambientes pobres e precários?

Com tal proposta, pode parecer que estejamos ressuscitando fórmulas antigas de um passado longínquo (séculos III e IV). Mas, revisitar esse passado glorioso do Catecumenato inicial é premência de nossos tempos: é conscientizar-se do descompasso entre algumas estruturas herdadas do regime de cristandade (por ex.: uma Catequese concebida apenas como aprendizado doutrinal em vista de um sacramento), e corajosamente, como pede *Aparecida*, buscar novos e mais eficazes caminhos. Catequese de inspiração catecumenal significa uma catequese mais aderente à Palavra de Deus, mais orante, mais celebrativa, que, sem deixar a linguagem racional e doutrinal, usa também e, sobretudo a linguagem simbólica, em seus vários níveis. *Mistério* não se explica: contempla-se!

É preciso entender que *catequese*, tal qual nós a entendemos e praticamos hoje, não é sinônimo, automaticamente, de IVC. O modelo catecumenal é muito mais amplo que a catequese. Tomada como momento do ensino, a catequese é *um tempo*, um *momento* do Catecumenato: o mais longo, sim, mas envolvido por outras tantas intervenções da comunidade cristã, que, pela oração, pelos gestos, pela pedagogia da fé (mistagogia) vai gestando seus novos discípulos missionários. Daí a *complexidade* desse novo paradigma e a necessidade de *multiplicar os ministérios*: é impossível e impraticável uma IVC conduzida só pelo tradicional catequista. O capítulo V do documento se estende na des-

---

28 Para a *primeira redação*, o I capítulo foi redigido pela Profª Therezinha Lima Cruz; o II pelo Pe. Luiz Alves de Lima, sdb; o III pelo Pe. Domingos Ormonde, com acréscimos substanciais de Dom Manuel João Francisco e Maria Ângela Zoldán Guenka; o IV por Ir. Marlene Santos, cf; e o V pelo Ir. Israel José Nery.

crição dos vários ministérios aí implicados, principalmente os litúrgicos, como também do ministério presbiteral e episcopal!

Muitas são as exigências na implantação desse novo (e tão antigo!) paradigma! Desafia-nos a formação dos presbíteros, dos introdutores, catequistas, padrinhos... e da comunidade! Se é verdade que Deus nos fala pelos acontecimentos e pelos sinais dos tempos, levar a sério, apesar das dificuldades, a IVC, é para nós apelo do Espírito!

Por mais de 7 anos esse Estudos da CNBB 97, tornou-se a base do estudo e aprofundamento a respeito da IVC no Brasil. Milhares de catequistas foram formados à luz dessas reflexões e propostas. Muitos cursos, palestras, encontros e assembleias foram realizados nos mais variados níveis de Igreja, sobretudo para o clero, abordando esse tema e impulsionando experiências em diversos lugares no Brasil.

Chegou-se até, a realizar um *Seminário Nacional de IVC* de 06-11 de Novembro 2014.[29] Teve como objetivo partilhar experiências concretas de IVC. Além das dimensões reflexivas e esclarecimento de conceitos, tal Seminário caracterizou-se por analisar três grandes *experiências* diferenciadas de IVC, realizadas em várias partes do Brasil. Mostrou-se que, na prática, esse novo paradigma da Iniciação é um projeto perfeitamente viável e, mais ainda, mostra-se flexível e muito adaptável às diversas realidades de nossas comunidades.

Da apresentação de experiências emergiu significativa criatividade ao colocar em prática as novas propostas: introduzir na fé cristã adultos, jovens e crianças através do processo iniciático apresentado pelo *RICA*, ou de uma catequese de inspiração catecumenal. Ficou claro que esse processo de iniciação, bastante complexo, ao invés de ser uma camisa de forças que reduz a ação catequética num único modelo, deixa, ao invés, espaço para criatividade e multiplicidade de formas. Sua riqueza está em envolver não apenas os catequistas, mas muitos outros ministérios na comunidade, incluindo os párocos, passando pela Pastoral Bíblica, Pastoral Litúrgica, Pastoral Familiar... e outros que vão sendo criados, como os introdutores, padrinhos, etc.

O ponto alto desse *Seminário* foi o lançamento do subsídio *Itinerário Catequético: Iniciação à vida cristã – um processo de inspiração catecumenal* da CNBB[30]. Inicialmente há uma parte sobre a: *fundamentação bíblico-teológico-pastoral* da IVC; a segunda expõe *orientações para uma ação pedagógico-pastoral no processo* da Iniciação e a terceira parte

---

[29] Seu lema foi: "Não podemos deixar de falar das coisas que vimos e ouvimos" (At 4, 20). Realizou-se na sede da Paróquia Sagrada Família, em São Caetano do Sul (SP), com representantes dos 18 Regionais da CNBB, sob a liderança e organização do Pe. Jordélio Siles Ledo, estigmatino. Sobre esse *Seminário*, pode-se consultar: ALVES DE LIMA Luiz. *A catequese do Vaticano II aos nossos dias*. São Paulo: Paulus 2016, p. 257-264.

[30] CNBB – COMISSÃO EPISCOPAL PASTORAL PARA A ANIMAÇÃO BÍBLICO-CATEQUÉTICA. *Itinerário Catequético. Iniciação à Vida Cristã. Um processo de inspiração catecumenal.* Brasília: Edições CNBB, 2015³; ALVES DE LIMA Luiz. *A catequese do Vaticano II aos nossos dias*, p. 264-265.

apresenta os quatro esquemas de roteiros propriamente ditos de Iniciação para: 1) Adultos não batizados; 2) Adultos batizados; 3) Adolescente-jovens e 4) Crianças. Esse *Itinerário*, juntamente com o *Seminário Nacional*, foram os dois acontecimentos mais significativos da *Animação Bíblico-Catequética* da CNBB desde o lançamento do *Estudo 97* em 2009.

3. Iniciação à Vida Cristã: itinerário para formar discípulos missionários (Documento 107 da CNBB, julho 2017)[31]

3.1 Gênese do novo documento

Na edição das *Diretrizes Gerais* do quadriênio 2011-2014 foram eleitas cinco ações prioritárias que a Igreja do Brasil deveria atender, com muita *urgência*, como são chamadas. São elas: 1) Igreja em estado permanente de Missão; 2) Igreja casa de *IVC*; 3) Igreja lugar de animação bíblica da vida e da pastoral; 4) Igreja comunidade de comunidades, e 5) Igreja a serviço da vida plena para todos. Elas permaneceram, renovadas, para o seguinte quadriênio 2015-2019, e a tendência atual é de chamá-las de *opções permanentes* e não já *urgências*, uma vez que sintetizam toda a ação missionária da Igreja. Na Assembleia Geral de 2016 ficou estabelecido que o tema central para o ano seguinte seria a segunda urgência, ou seja *A Igreja casa de IVC* (cf. no. 8)[32].

Em 16 de julho de 2016 a presidência da CNBB nomeou uma comissão de 5 bispos e 5 catequetas;[33] imediatamente, deu-se início às reuniões, reflexões e elaboração de um *Instrumento de Trabalho*. Primeiramente foi convocado um *Seminário*, em 13 de agosto, com os membros dessa Comissão, os membros do GREBICAT[34] e outros especialistas nas várias áreas. Foram realizadas várias reuniões de estudo, reflexão e discussão dos

---

31 Adotaremos aqui, para esse novo documento, a sigla *IVC-107*.

32 Ver crônica completa da gênese desse documento cf. ALVES DE LIMA Luiz. *Novo documento da CNBB sobre a IVC*. In: Revista de Catequese 40, janeiro-junho 2017, no. 149, p. 115-131.

33 São eles: Dom José Antônio Peruzzo, Arcebispo de Curitiba e Presidente da Comissão, Dom Edmar Peron, Bispo de Paranaguá (PR), Dom Eugène Lambert Adrian Rixen, Bispo de Goiás (GO), Dom Giovanni Crippa, IMC, Bispo de Estância (SE) e Dom Leomar Antonio Brustolin, Bispo Auxiliar da Arquidiocese de Porto Alegre. Os teólogos-pastoralistas são: Pe. Antônio Marcos Depizzoli, Secretário da Comissão, Pe. Abimar Oliveira de Moraes, Pe. Guillermo Micheletti, Pe. Luiz Alves de Lima, sdb e Irmão Israel José Nery, fsc. Posteriormente foram nomeadas para essa Comissão preparatória, também três catequetas teólogas e liturgistas: Profª Lucimara Trevisan, Profª Rosemary Costa e Ir. Penha Carpanedo. Todos são especialistas em temas como: Bíblia, Catequética, Liturgia e Pastoral, justamente as disciplinas ou áreas que mais convergem nos processos de IVC, de que o futuro documento deveria tratar.

34 Grupo de Reflexão Bíblico-Catequética (GREBICAT) da CNBB.

textos que iam surgindo, num árduo trabalho de diálogo e colaboração, críticas, reedição, acréscimos e sínteses. Por duas vezes o texto foi enviado previamente a todo o Episcopado, que muito colaborou com aportes e indicações. Assim, no giro de menos de nove meses chegou-se ao texto que foi submetido à 55ª. Assembleia Geral. Aí mais uma vez foi discutido, emendado, aperfeiçoado, votado. Na sessão de 03 de Maio, o documento foi submetido à votação da Assembleia, com este resultado: 276 votos positivos, 05 abstenções e 01 negativo. Uma salva de palmas acompanhou essa aprovação episcopal, confirmada oficialmente na votação definitiva do dia seguinte. Foi publicado em julho de 2017 pelas Edições CNBB de Brasília, na coleção azul (oficial), com o número 107 e o título: *IVC: itinerário para formar discípulos missionários*.

3.2 Estrutura do *Documento 107 – Iniciação à vida cristã: itinerário para formar discípulos missionários*

Desde os primeiros esquemas, a estrutura do documento foi baseado no método, já tradicional e consagrado, que remonta à Ação Católica dos anos 1940-1950: *ver, julgar e agir*. O *DNC* em 2006 propôs alterar o verbo "julgar" (que, normalmente, tem um sentido mais jurídico) por "iluminar", por traduzir melhor esse segundo momento de iluminação quer pela Palavra de Deus, como pelo Magistério, Teologia e outras ciências (cf. *DNC* 157). Além desses três capítulos estruturais, acrescentou-se um comentário da perícope sobre o encontro de Jesus com a mulher samaritana junto ao poço de Jacó (Jo 5-41). Assim, o *IVC-107* CNBB se apresenta com esses quatro capítulos[35]: **I** – Um ícone bíblico: Jesus e a Samaritana, subdividido em 6 passos; **II** – Aprender da História e da realidade: **Ver**, em 4 pontos; **III** – Discernir como Igreja: **Iluminar**, em 6 pontos e **IV** – Propondo caminhos – **Agir**, em 9 pontos.[36]

---

[35] Desde o início até o final, a divisão do trabalho para redigir esses capítulos, assim ficou distribuída: **1. Ícone sobre a Samaritana**: Dom José Peruzzo, presidente da Comissão redatora; **2. Ver**: Pe. Abimar O. Maraes; **3. Iluminar**: Pe. Luiz Alves de Lima e **4. Propor caminhos**: Dom Leomar A. Brustolin. Os quatro receberam a contribuição de muitas outras pessoas no árduo trabalho redacional, sobretudo dos membros da Comissão. Participação significativa também tiveram os assessores da CNBB, de Brasília, que muito contribuíram com críticas, aportes, cortes e sínteses. A partir de determinado momento, o texto já não era desse ou daquele, mas de toda a Comissão. A palavra final, entretanto, sempre coube à Assembleia Geral dos Bispos, em cujo nome é publicado o texto.

[36] A primeira e segunda edições saíram com um erro: aquilo que aí está como 4.8, letra *o*, dever ser considerado como um nono ponto, e, portanto 4.9.

3.3 Capítulo I: Um Ícone bíblico: Jesus e a Samaritana: Jo 4, 5-42

É uma das novidades desse documento. Esse encontro deveria iluminar todo o texto sobre a IVC (cf. n. 11)[37], e assim se fez. Inicialmente era apenas uma *introdução*, que, já às vésperas da aprovação, durante a Assembleia Geral, tornou-se o capítulo primeiro.

Já desde os primeiros documentos de São João Paulo II, criou-se o costume de sempre abrir um documento, parte dele, ou um capítulo, sempre com uma citação bíblica. Agora, aqui, optou-se por uma *perícope inteira*, como paradigma da nova proposta pastoral, ou seja: a dinâmica mistagógico-iniciática do catecumenato. A escolha do texto bíblico paradigmático ocupou, inicialmente, muita discussão. O encontro de *Emaús*, seria também muito significativo e talvez mais completo, porém, já foi bastante explorado e, inclusive, objeto do *Ano Catequético Nacional* em 2009. Daí a escolha do texto da Samaritana, também porque no centro está uma mulher..., que na prática, forma o grande número de catequistas e agentes da IVC.

A ideia desse texto bíblico completo, iluminador, veio do Sínodo dos Bispos de 2012 sobre a Nova Evangelização. "Esperamos que o encontro de Jesus com a Samaritana ilumine nossas reflexões sobre a IVC, animando-nos a dar novos passos no caminho de nossa ação evangelizadora" (n. 11). Esse diálogo é qualificado como: "profundo, fundado na verdade, carregado de esperanças e de promessas, atento aos anseios das pessoas, ao respeito por elas e por suas buscas" (n. 13). O encontro de Jesus com a Samaritana, modelo perfeito de iniciação ao Mistério da Pessoa de Jesus é apresentado em 6 passos: **1.** *O Encontro:* Dá-me de beber (4,7); **2.** *O Diálogo:* Se conhecesses o dom de Deus (4, 10); **3.** *Conhecer Jesus:* Quem beber da água que eu lhe darei, nunca mais terá sede (4, 14); **4.** *A Revelação:* Sou eu que estou falando contigo (4,7); **5.** *O Anúncio:* Vinde ver [...] Não será ele o Cristo? (4, 29); **6.** *O Testemunho:* Nós mesmos ouvimos e sabemos (...) Ele **é verdadeiramente o Salvador do mundo (4, 42)**.

A conclusão não poderia ser outra, se não a mesma do Sínodo de 2012: "Como Jesus no poço de Sicar, também a Igreja sente que se deve sentar ao lado dos homens e mulheres deste tempo, para tornar presente o Senhor na sua vida, para que o possam encontrá-lo, porque só o seu espírito é água que dá a vida verdadeira. Nesse sentido, é que entendemos que um processo consistente de IVC é indispensável ao tipo de missão que os novos interlocutores de hoje estão pedindo à nossa Igreja" (IVC-107 n. 38).

---

37 Aqui, citações sem nenhuma referência são sempre desse *IVC-107* da CNBB.

3.4 Capítulo II: Aprender da História e da Realidade – o VER

Aqui se trata de um duplo *ver*: *retrospectivo* (as lições da História) e *o hoje de nosso chão*, ou seja, alguns desafios atuais à formação de discípulos missionários. Tudo é visto em grandes linhas, sem descer em pormenores ou longas análises da realidade. Tudo em vista de estabelecer "um novo diálogo, com novos interlocutores, reconhecendo que nos encontramos num momento histórico de transformações profundas e de interlocuções novas" (n. 39). As fontes desse *ver* (as lições do passado e os problemas do presente) são, sobretudo *Aparecida, Evangelii Gaudium* e *Diretrizes Gerais* da própria CNBB. Todos acentuam enfaticamente a *mudança de época* no mundo de hoje: é o cenário em que a Igreja vive e age, exigindo dela novas atitudes.

Com relação ao passado, logo de saída se afirma que "Não estamos partindo do zero. Há um passado que pode impulsionar-nos a buscar constantemente novos caminhos" (IVC-107 n. 39) no seguimento de Jesus. O primeiro dado é a atitude do próprio Jesus que "formou discípulos e discípulas, instruindo-os com a sua original atitude de acolhida, de compreensão e de valorização das pessoas, principalmente, as marginalizadas" (n. 40).

Após referir-se ao *Querigma* apostólico e seu conteúdo essencial (n. 41), faz-se um breve histórico do *Catecumenato*, cuja finalidade era "possibilitar, por meio de um *itinerário específico de iniciação*, a preparação, prioritariamente de pessoas *adultas,* que tinham manifestado o desejo de assumir a *fé da Igreja*". Era "um caminho bem articulado de *aperfeiçoamento do propósito de conversão* celebrado na recepção dos *sacramentos da iniciação cristã* (banho batismal, unção pós-batismal e primeira participação na Ceia do Senhor)" (n. 42), numa intensa vida comunitária. Fala do nascimento da Igreja, seu apogeu, declínio e consequente nascimento da *cristandade medieval* (n. 43-44), que assumiu aspectos de *catecumenato social*. Acentua a *religiosidade popular* e a importância do *Concílio de Trento*, cujo resultado catequético foi o *Catecismo* com forte destaque doutrinal (n. 45). Observa que muitas gerações foram formadas nessa perspectiva tridentina-doutrinal, mas que os tempos que hoje vivemos exigem outras abordagens (n. 46).[38]

Ao tratar das grandes reformas do Concílio Vaticano II, após breve citação dos documentos conciliares (SC, AG e CD: n. 47) indica a abundância de documentação catequética no imediato pós-concílio, também no Brasil (n. 48-49), tudo confluindo nas *Diretrizes Gerais* que consagraram a IVC como uma das cinco urgências pastorais (n. 50); isso é desenvolvido logo a seguir (n. 51-52).

---

38 Vale notar que esses temas: *Catecumenato, Cristandade, Concílio de Trento e seu Catecismo e o Vaticano II* irão voltar no III capítulo, n. 70-76, com novos desdobramentos. Tal repetição foi proposital, dada sua importância histórica.

A partir de então, são destacados "alguns aspectos, com um olhar pastoral" dos desafios de nossa situação sociocultural nos n. 52-53, a partir de *EG*. São considerados "sinais dos tempos" (n. 55), ou seja, doze "indicadores que nos estimulam a reconhecer a necessidade de trilhar caminhos novos que o Pai, pelo Espírito Santo, nos inspira para chegar ao coração das pessoas" (n. 54).

O último item (2.4) é uma exortação e ao mesmo tempo indicação do importante caminho mistagógico para o Catecumenato: "A inspiração catecumenal que propomos é uma dinâmica, uma pedagogia, uma mística, que nos convida a entrar sempre mais no mistério do amor de Deus. Um itinerário mistagógico, um desejo que nunca acaba. Porque Deus, sendo Amor, nunca se esgota. A mística é a entrada nesse movimento de busca de Deus, que para a fé cristã, concretiza-se no encontro com o outro" (n. 56). Lembrando célebres passagens de Santo Agostinho, Tertuliano e Bento XVI, esses parágrafos adiantam descrições e aprofundamentos sobre *Querigma e Mistagogia*, conceitos centrais para uma boa compreensão do que seja a verdadeira IVC e o caminho necessário hoje (n. 57-61).

3.5 Capítulo III: Discernir como Igreja – ILUMINAR

Esse talvez seja o capítulo mais importante de *IVC-107*, pois procura aprofundar conceitos bíblico-teológico-catequético-pastorais sobre o novo paradigma. A abertura (n. 62-63) faz um *link* com o encontro de Jesus e a Samaritana, como já fizeram os n. 13 e 37. Desde o início da redação do texto, ficou acordado que aqui se mostraria também a *articulação* entre as 5 *urgências* apontadas pelas *Diretrizes Gerais*. E assim se fez: é o item 3.1, que, de início afirma: "[as cinco urgências] «encontram-se *unidas* de tal modo que trabalhar um desses aspectos implica que os outros sejam assumidos»."[39] A segunda urgência: *Igreja: casa da IVC* precisa, portanto, incluir as outras, ao mesmo tempo em que as outras urgências a supõem" (n. 64).

Como vimos acima, alguns dados históricos expostos no capítulo II, retornam agora no capítulo III, nos n. 70-75, com alguma ampliação. Afirma-se que essa retomada do *Catecumenato antigo* e a própria *formação continuada* com inspiração iniciática, não se reduzem a uma pastoral a mais, mas trata-se "de um eixo central e unificador de toda ação evangelizadora e pastoral. Tem como objetivo a *formação inicial* e, ao mesmo tempo, *permanente* do discípulo missionário de Jesus Cristo, para viver e anunciar a fé cristã no coração da civilização em mudança" (n. 76).

---
39 DGAE 2015-2019, n. 32.

A partir do ítem 3.2.1 começa, sim, o aprofundamento de alguns importantes conceitos: **1)** O *primeiro* deles é o termo ***iniciação*** "que não nos é mais habitual" (n. 77) e, daí, a dificuldade de uma base antropológico-experiencial para compreendê-lo. Esse parágrafo reafirma a importância das *experiências* de Jesus Cristo, "que toquem profundamente e impulsionem à conversão". A transmissão da fé, de fato, não acontece via *conhecimentos* ou *reflexão intelectual e doutrinal*, mas por via da *iniciação*, bem diferente de *estudo* ou aquisição de noções sobre as realidades da fé (cf. n. 230). **2)** Essencial para se entender o paradigma *iniciático* e sua dinâmica catecumenal é o conceito de **mistério**, cujo significado primordial é uma "ação salvadora de Deus na história [...] um acontecimento realizado na história e oferecido como salvação [...] que chega à sua plenitude em Jesus" (n. 83) e traduzido como ***sacramento*** (cf. nota 56); é também aplicado à Igreja (cf. n. 67, 70 e todo item 3.3)[40]. **3)** Para o acesso ao mistério, se usa o *símbolo* do ***mergulho***, tão próximo de nossa experiência quotidiana: está no título desse subtítulo e será repetido por bem sete vezes ao longo do texto[41], referindo-se tanto ao "mergulho no mistério de Deus e de Jesus Cristo" (batismo), como mergulho no mistério da Igreja! Tal expressão significa o envolvimento total da pessoa nos processos de IVC: três números são dedicados ao *símbolo* e às *realidades simbólicas* (n. 80-82) e evocadas em outras passagens (cf. n. 5, 16, 42, 104 121, 149).

Fica claro, por esse longo item 3.2 que a IVC consiste na *imersão mística, sacramental e real da pessoa no mistério de Deus, de Cristo, da Igreja, dos Sacramentos*. Essa parece ser a tese central de todo o documento, donde também o conceito de *mistagogia* (20 referências ao longo do texto) e consequente revalorização, nos processos de IVC da *Liturgia* que é a realização dos mistérios divinos (cf. n. 60, 74, 110, 119, 148, 182). Daí também, a valorização do livro litúrgico **RICA**, ao qual é dedicado todo o item 3.4 (n. 116 a 122). Entre as 22 referências ao termo *Liturgia*, podemos citar: "O resgate do espírito catecumenal implica o compromisso de reatar a parceria e a união entre Liturgia e Catequese que, ao longo de séculos, ficaram comprometidas. É preciso redescobrir a Liturgia como lugar privilegiado de encontro com Jesus Cristo" (n. 74; cf. 66, 121, 143, 148, 182-183).

---

40 Somente no subtítulo 3.2 e suas três subdivisões (n. 70 a 104) aparecem bem 36 vezes a palavra *mistério*, aplicado também à Igreja; há ainda o significado de *mistério pascal*. Em todo texto são quase 70 vezes, além das 64 vezes que se refere a *sacramento*, tradução latina de *mystérion* (como se afirma na nota 56 do n. 83).

41 A insistência sobre esse conceito de *mergulho* foi tão repetida, durante a Assembleia Geral dos Bispos que correu, entre os participantes, a facécia: "é mergulho com calção ou sem calção?" mal sabendo que o termo bíblico *batismo*, não significa outra coisa senão esse "mergulho no mistério de Cristo"!

Por sua vez a ***mistagogia***[42], cuja maior presença é na liturgia, é vista como "progressiva introdução no mistério pascal de Cristo, vivido na experiência comunitária" (n. 60), "uma dinâmica, uma pedagogia, uma mística, que nos convida a entrar sempre mais no mistério do amor de Deus; um itinerário mistagógico, um desejo que nunca acaba. Porque Deus, sendo Amor, nunca se esgota" (n. 56). "A *lex orandi lex credendi*[43] alimenta cotidianamente a vida de fé, em comunidade, para a missão. A este conjunto de experiências de fé e espiritualidade chamamos *mistagogia*". E chama a atenção dos presbíteros: "a mistagogia é uma das principais tarefas dos presbíteros, hoje" (n. 231).

A ***dimensão eclesial*** da IVC ficou muito bem acentuada, sobretudo com a afirmação de que seu objetivo é também iniciação ao mistério da Igreja (como já foi dito antes). A consequência é o eminente valor dado à ***comunidade***, não só como uma *agente* da iniciação, mas, sobretudo como clima dentro do qual e para o qual se dirige toda a IVC. É impressionante o número de vezes em que *comunidade* e correlativos aparecem no texto: 167 vezes! Citemos apenas o n. 106: "Sujeito indispensável dos processos de IVC é toda a *comunidade* cristã. Ela é responsável pelo rosto que a Igreja vai apresentar a quem dela se aproxima; é necessário recuperarmos esta convicção e com ela sermos coerentes. O processo de IVC requer a acolhida, o testemunho, a responsabilidade da *comunidade*. Quem busca Jesus precisa viver uma forte e atraente *experiência eclesial*. A Iniciação dos chamados ao discipulado se dá pela *comunidade* e na *comunidade*" (cf. 11, 115,121, 176).

Criticou-se o Documento 107 da CNBB *Iniciação à Vida Cristã* por sua fraca ***pneumatologia***. Entretanto, não é assim; a presença do Espírito Santo está bem acentuada nos processos iniciáticos. Basta ver as mais de 40 referências diretas à sua ação na Igreja e no processo catecumenal: "uma das dimensões centrais da IVC [...] [é a] presença permanente do Espírito Santo (pneumatológica). É isso que faz da Igreja uma comunhão no Espírito Santo (2Cor 13,13), já que todos confessam Cristo como Senhor, na força do mesmo Espírito (1Cor 12,3); todos são ungidos pelo Espírito Santo (1Jo 2,20), que lhes proporciona autêntico 'sentido da fé'; todos são agraciados com carismas diversos em vista da 'edificação comum'" (n. 101). No número anterior se afirmara que o Espírito Santo "é precursor (vem antes, impulsiona); é acompanhante (está presente em cada momento, dando "olhos para ver e ouvidos para ouvir" o mistério de Deus); é

---

[42] É importante afirmar que o *IVC-107* faz uma nítida distinção entre a *mistagogia* como dinâmica da vivência litúrgica através da *palavra, ritos, símbolos, sinais e celebrações* (como vemos agora), e a *mistagogia* como o *quarto tempo* do catecumenato (n. 117; 172-175).

[43] Para esse célebre aforisma ou apotegma teológico, propus a seguinte livre tradução, que foi aceita: "oramos como cremos e cremos como oramos"

continuador (leva para diante, aperfeiçoando progressivamente a identidade plena do discípulo de Cristo)" (n. 100; cf. 41, 59, 88, 100, 112, 120 e 131).

Tais *dimensões teológicas* da IVC são frutos da renovação conciliar da Igreja e muito vividas hoje. No capítulo III, deste Documento *107* delas se apropria e fundamenta a novidade, tão antiga quanto a Igreja, dos processos iniciáticos. Outros itens teológicos são aí reafirmados e propostos (cf. item 3.2.3 ou n. 88 a 104): chama a IVC, uma "graça benevolente e transformadora" (n. 91); nela se revela a participação humana no *diálogo da Salvação* (Deus fala e a pessoa responde com a obediência da fé: n. 96) e requer a decisão livre da pessoa (n. 95; é um dos sentidos dos *escrutínios* no Catecumenato).

No penúltimo item do capítulo III (3.5) enfrenta-se um dos mais sérios problemas de nossa pastoral catequética: a fragmentação dos três sacramentos da IVC. No início da Igreja, formavam uma unidade monolítica (a ponto de serem chamados de *o sacramento da iniciação*), que se perdeu ao longo dos séculos. Daí o apelo: "Urge recuperar a unidade pastoral entre os três sacramentos da IVC" (n. 126). Mais ainda: é preciso, conforme a aspiração de Bento XVI e do Sínodo de 2012, recolocar a Santa Eucaristia como o centro e o ápice da iniciação (n. 127-128; cf. 133). Tal recuperação exprime "a unidade do mistério pascal cumprida pela missão do Filho e consumada pela efusão do Espírito Santo" (n. 129).

Além disso, mostra nossa relação com as Pessoas da SS. Trindade: "Pelo Batismo nos tornamos filhos [de Deus] e pela Crisma, selados no mesmo Espírito, somos chamados a viver mais intensamente a intimidade com Cristo, amadurecendo na fé" (n. 131); eles "nos direcionam para a Eucaristia. Iniciados aos mistérios da Páscoa, podemos sentar à mesa da Eucaristia. [...] Nela se atualiza a expressão máxima do amor trinitário e nos tornamos portadores da vida eterna e participantes do grande sacrifício universal da Cruz. Assim, a Eucaristia é o sacramento da plenitude, pois realiza plenamente o que os dois outros sacramentos anunciam" (n.132).

Por fim, o último item desse capítulo teológico (3.6), trata dos frutos da IVC: *a vivência cristã*. Quem realmente é plenamente iniciado nos mistérios de Cristo, da Igreja e de seus sacramentos irá "elaborar um novo projeto de vida, tendo como base a proposta do Senhor, centrado no espírito das bem-aventuranças, nos mandamentos e na tarefa de edificar o Reino, não só no interior de seu coração, mas também na história" (n. 134). Essa nota é uma ressonância do *princípio de interação fé-vida*, do documento *Catequese Renovada* de 1983 que "se expressa em conversão, mudança de vida e atitudes ético-sociais" (n. 135). O verdadeiro iniciado no mistério de Cristo e de sua Igreja, é atento aos *sinais dos tempos* e, com seu testemunho e palavra, colabora para vinda do Reino (cf. 136).

3.6 Capítulo IV: Propor Caminhos – O AGIR

A terceira parte do método adotado pelo Documento 107 da CNBB leva à conclusões práticas: é preciso chegar a indicações concretas a respeito do que se viu e se refletiu nos dois itens anteriores. É, expressivamente, a parte mais longa do texto, apontando inúmeras sugestões para a ação; algumas são mais genéricas, outras bem objetivas e ligadas à realização imediata; são de longo e de médio prazo, ou de feitura rápida e ágil.

Tudo começa pelo importante *Projeto Diocesano de IVC*. De fato, esse novo paradigma não se move em âmbito paroquial, mas requer um empenho mais abrangente. Já desde o *DGC* (1997) se coloca a organização da catequese na esfera diocesana, sob a direta orientação do Bispo, catequista por excelência! A paróquia, consequentemente, irá executar em cada território particular aquilo que é decidido pela diocese. Daí também, supor-se que, na coordenação diocesana haja uma boa representação das paróquias. O texto apresenta quatro pontos: as *características* do Plano Diocesano, suas *metas*, a importante *integração com a liturgia* e, por fim, as competências da Equipe ou *Coordenação Diocesana* de IVC. Antes porém, chama a atenção para aquilo que *Aparecida* já dissera: "Não se trata de fazer apenas 'reformas' na catequese, mas de rever toda a ação pastoral, a partir da Iniciação à Vida Cristã" (n. 138), "promovendo, assim a renovação das comunidades paroquiais" (n. 138).

O número 139 dá um relevo quase que absoluto ao *RICA*, afirmando ser ele o "*inspirador* de um itinerário que avance por etapas e tempos sucessivos". Por isso, é preciso ficar claro: quem apresenta o conteúdo e a substância da IVC, e nela a catequese, são as Sagradas Escrituras e o Catecismo da Igreja Católica; mas quem dá o ritmo e conduz o processo, é o *RICA*! Após apresentar os participantes desse grande mutirão (n. 140), traça seu ambicioso e claro objetivo principal: "desenvolver um *processo* que leve a uma maior conversão a Jesus Cristo, forme discípulos, renove a comunidade eclesial, e suscite missionários que testemunhem sua fé na sociedade. O projeto contemplará a centralidade da Palavra de Deus e a inspiração catecumenal, numa Igreja em saída" (n. 141).

Tão abrangente projeto diocesano, possui nove características que, propriamente resumem a identidade da IVC (n. 143) e onze metas, que vão desde a conscientização e formação de bispos, padres, religiosas/os, seminaristas e catequistas (recursos humanos!), até a garantia de recursos materiais para sua realização. Vale relevar a envolvente e utópica quinta meta: "realizar a revisão do processo formativo de adultos, jovens, adolescentes e crianças para o Batismo, a Crisma e a Eucaristia, para evitar que a recepção destes sacramentos seja o ponto final da Catequese, mas se torne um caminho do discipulado de Jesus Cristo" (n. 144, 5).

A terceira característica é extensa e minuciosa, mostrando a importância ímpar da *colaboração entre Catequese e Liturgia*. A expressão "adequada correspondência entre Bíblia, Catequese, Liturgia e Comunidade" (n. 145) parece resumir a arte da educação à fé. Dois ritos pouco conhecidos são esclarecidos: a "entrega da *Palavra*, do *Creio* e do *Pai-Nosso* expressam a tradição na comunidade, que é entregar os *tesouros da fé* às novas gerações. Igualmente, os exorcismos precisam ser entendidos como afastamento de todo o mal" (n. 146). Após outras indicações, conclui valorizando a piedade mariana, a cultura e outras religiões, e, sobretudo o enfoque determinante do *Mistério Pascal* (n. 148-151).

O êxito do *Projeto Diocesano* depende das pessoas (e são muitas!), que compõem a *coordenação diocesana*: são os primeiros a "estar conscientes da nova abordagem bíblico-teológica, litúrgica, pastoral e metodológica que se pretende desenvolver" (152). Mas é preciso também uma *comissão paroquial* que congregue agentes do Batismo, Crisma e Primeira Comunhão Eucarística, conforme já indicava o *Estudo 97* (2009); mais ainda: ela deve "efetivamente abranger o conjunto da comunidade paroquial" (n. 153).

O Sínodo de 2012 sobre a *Nova Evangelização* havia pedido que a Sé Apostólica publicasse uma espécie de *Diretório* de como fazer o primeiro anúncio e propor o Querigma. Até hoje tal anelado documento não veio à luz. Pois bem: o Documento 107 da CNBB dedica 10 números a esse tema (n. 154-163). O primeiro anúncio, que muitas vezes torna-se um "segundo primeiro anúncio" (n. 154), acima de tudo é um encontro de pessoas, nas situações em que estão; trata-se de uma experiência contagiante, testemunho de uma pessoa: Jesus Cristo. Bem diferente de uma propaganda ou de técnicas de pressão e manipulação, deve já levar à comunidade e ao compromisso fraterno (n. 155-156). São propostas sete maneiras de propor o Querigma (n. 158) e várias indicações sobre seus agentes, sobretudo a figura, um tanto desconhecida entre nós dos *introdutores* (n. 159-162). Prioridade absoluta devem ser os *adultos*, considerados não tanto como destinatários, mas como *interlocutores* que necessitam, muitas vezes, de uma desconstrução da imagem negativa de Deus (n. 169).

Na sequência dos processos iniciáticos, ao anúncio do Querigma, que hoje é o maior desafio nosso, segue-se o *Catecumenato* propriamente dito, comparado aqui à "fonte de água viva e borbulhante" da Samaritana. Não se reduz à aprendizagem da doutrina, mas é, sobretudo aprofundamento do encontro pessoal com Jesus Cristo (n. 164). Mas importante também é o *ensino doutrinal*, exposto no n. 166, conforme as sete pedras fundamentais do *DGC*. São apresentados também oito critérios requeridos para que um subsídio seja considerado proveitoso e integral (n. 167). São expostos os dois últimos tempos dos processos de IVC: Purificação-Iluminação e Mistagogia (n. 168-175). Ao concluir exorta-se sobre o envolvimento da *comunidade* nos processos iniciáticos e a importância do *Domingo* para a formação continuada, uma vez terminada a IVC (n. 176-177).

Um dos problemas cruciais da IVC é a formação de seus agentes e condutores. É o assunto do longo subtítulo 4.7 do Documento 107, com 20 números, subdivididos em sete itens: 1) Centralidade da Palavra de Deus; 2) Formação litúrgica inicial e continuada; 3) Crescimento na fé mediante a beleza e a arte; 4) O cuidado com a linguagem; 5) Caridade, ecumenismo e diálogo; 6) Atualização da formação e 7) Instâncias formativas ou escolas, lugares e condições para a formação de bons agentes da IVC (n. 178-197).

Finalmente, chegamos ao último subtítulo desse longo capítulo IV. Além de uma incorreção já apontada atrás (cf. nota 11), deve-se dizer também que, sob o subtítulo 4.8 *Sujeitos da IVC*, são tratados assuntos distintos. O tema dos agentes da IVC mereceria um subtítulo à parte (cf. n. 198 que fala da *Samaritana* como intermediária do encontro de seus *conterrâneos* com Jesus). Iniciando a longa lista de *sujeitos* da IVC, é considerada a família como "lugar de iniciação" (n. 199), no momento do Batismo dos filhos (n. 200), da preparação para a Crisma e Eucaristia (n. 201-202) e para o Matrimônio (n. 203). A partir do *Evangelho da Misericórdia,* merecem atenção as famílias que passam por situações difíceis (n. 204). Seguindo as fases inversas da evolução das pessoas, são considerados os adultos (n. 205), adolescentes e jovens (n. 206-210) e crianças (n. 211-213). Após essa apresentação das pessoas "normais", seguem-se várias orientações para os casos especiais: pessoas com deficiência (n. 214-216), grupos culturais (n. 217-219), pessoas em situações específicas (n. 220), e adultos não suficientemente evangelizados (n. 222-224).

Como se comentou anteriormente, aqui precisaria um corte, para iniciar outra secção: a dos *agentes* da IVC. Seguindo a *eclesiologia conciliar,* proposta no capítulo III, a comunidade é considerada o primeiro agente, pois "é impossível crer sozinho" (n. 225). Seguindo uma ordem tradicional[44], são elencadas as pessoas que mais trabalham na IVC: bispos (n. 227-228), presbíteros, diáconos e seminaristas (n. 229-232), catequistas e demais agentes de Pastoral (n. 233-235), vida consagrada e movimentos apostólicos (236-239). É ressaltada a responsabilidades dos bispos, presbíteros e diáconos, pois, numa igreja clerical, como é a nossa, se eles não se abrem, não facilitam e estimulam os leigos, esses nada podem fazer...

Conforme o Documento 107, aprovado na Assembleia dos Bispos, o último item (letra *o*) dessa longa lista era considerado um subtítulo à parte (2.9), dada sua importância e originalidade: trata-se da *Revisão dos Sacramentos da Iniciação* (n. 240-243).

---

[44] Note-se que o DNC segue uma ordem hierarquicamente inversa: dos leigos até os Bispos, valorizando a multidão de catequistas leigos em contraposição ao pouco contingente clerical (cf. DNC 241-251).

A proposta é "recuperar a sequência original dos Sacramentos da Iniciação: Batismo, Crisma e Eucaristia [...] e o lugar do Sacramento da Penitência" (n. 240). Timidamente nosso documento, como outros, nada decide, exortando apenas "estudos de aprofundamento e promoção de práticas que verifiquem a oportunidade" de se alterar a ordem introduzida pela cristandade, mas que hoje já não é considerada a melhor. O texto parece propor a continuidade do Batismo para crianças (n. 243), antepor a Crisma para a idade em que hoje se recebe a Primeira Eucaristia, que ficaria para uma idade mais adulta, tornando-se verdadeiramente o ápice dos processos de IVC (n. 240-242).

Conclusão

O Documento 107 da CNBB é o ponto de chegada de uma série de reflexões e buscas que vêm desde o início do milênio. É um texto curto (menos de 100 páginas), sintético, mas estimulante e provocativo. Já não se trata da opinião de uma ou outra diocese, nem uma opção entre outros: é a palavra oficial do episcopado apontando para a urgente mudança de paradigmas de nossa ação evangelizadora, através dessa reviravolta na Catequese, retornando ao caráter litúrgico-mistagógico que teve nos inícios da Igreja.

Espera-se dessa inspiração catecumenal uma maior eficácia nos processos para formar discípulos missionários: "Abre-se um tempo oportuno. [...] [É] um processo [que] parte da comunidade e a ela conduz. Muitos ministérios e serviços serão renovados. Outros surgirão. É a Igreja sempre a caminho" (n. 249).

3

Meta da Iniciação à Vida Cristã:

formar discípulos missionários de Jesus Cristo

Nelcelina B. dos Santos*

---

* **Nelcelina Barbosa dos Santos** é Leiga Consagrada pelo Centro de Formação Permanente (CEFOPE), licenciada em Letras, pela Universidade do Sudoeste da Bahia. Especialização em Metodologia e Didática do Ensino Superior, pela Faculdade S. Bento da Bahia, com bacharelado em Teologia pela Universidade Católica do Salvador; é especialista em Pedagogia Catequética, pela Faculdade S. Bento da Bahia. Atua na Dimensão Bíblica Catequética, na Arquidiocese de São Salvador da Bahia, há doze anos. Faz parte da Redação dos Itinerários Catequéticos do CEFOPE e é membro do SBCat (Sociedade Brasileira de Catequétas).

1. Contexto bíblico

A Palavra de Deus é clara: convoca-nos a um compromisso: "Ide pelo mundo inteiro e anunciai a Boa-Nova a toda criatura! Quem crer e for batizado será salvo!" (Mc 16,15). Por este mandato se subentende que Jesus realizou um itinerário formativo com aqueles que o seguiam e que eles haviam chegado a um determinado ponto que podiam receber uma tarefa a cumprir. E o mandato implica, também, que todo aquele que faz uma experiência de fé, entendendo a proposta de Jesus, se coloca a caminho com ele e a serviço dele.

Na aliança do Sinai, Deus escolhe Israel para ser um povo missionário. Revela-se a ele, para que Israel proclame o seu nome a todos os povos da terra. Dá-lhe os Dez Mandamentos, que indicam, para todos os seres humanos, o caminho certo para encontrar a felicidade. Por meio da encarnação de seu Filho único, Deus de tal modo se aproxima do ser humano que se torna, ele mesmo, um ser humano. Segundo a Constituição Pastoral *Gaudium et Spes* do Concílio Vaticano II (1965) o Filho de Deus, no mistério da encarnação, se une a cada ser humano. Em sua missão no mundo, Jesus de Nazaré não só revela Deus ao homem, mas revela o homem ao próprio homem, revela-lhe a sua dignidade sagrada e a sua vocação divina e o chamado para a vida plena. Jesus, no Sermão das Bem-aventuranças, que é um programa de vida seu e de seus discípulos, proclama o novo código da felicidade, enriquecendo os Dez Mandamentos. Com as Bem-aventuranças, Jesus convida seus discípulos não à resignação e à passividade, mas a se colocarem de pé e a percorrerem no mundo um novo caminho, que conduz a Salvação.

Os Evangelhos colocam em destaque a importância do encontro pessoal com Jesus e o que acontece a partir desse encontro. Basta analisar dois episódios, o da Samaritana, no poço de Jacó, e o de Zaqueu, no banquete que ofereceu a Jesus. O encontro leva à revisão de vida e à conversão. A missão da Comunidade de Jesus, a Igreja, é a de levar todos ao encontro com Jesus, pois esse encontro é a fonte do discipulado e da missão, que implica, por si mesmo, o envio a sair, colocar-se a serviço.

Na Palavra de Deus, aparece constantemente este dinamismo de "saída", que Deus quer provocar nos crentes. Abraão aceitou a chamada para partir rumo a uma nova terra (cf. Gn 12,1-3). Moisés ouviu a chamada de Deus: "E agora, vai! Eu te envio" (Ex 3,10) e fez sair o povo para a terra prometida (cf. Ex 3,17). A Jeremias disse Deus: "a quantos te enviar, irás" (Jr 1,7). Naquele "ide" de Jesus, estão presentes os cenários e os desafios sempre novos da missão evangelizadora da Igreja. Hoje todos somos chamados pelo Papa Francisco, a esta nova "saída" missionária (EG n. 20)

A Igreja é a comunidade dos discípulos de Jesus. E a finalidade do discipulado é a missão. Jesus, quando inicia o seu ministério na Galileia, reúne discípulos e, dali em diante, como os quatro Evangelhos nos mostram, Jesus está sempre rodeado de discípulos. Ele não cumpre sua missão sozinho. Jesus convoca e congrega discípulos não para servi-lo, mas para prepará-los, teórica e praticamente, para uma tarefa concreta a que denominamos missão. Os Evangelhos segundo Marcos e Mateus culminam sua narrativa com a cena de Jesus enviando seus discípulos em missão pelo mundo inteiro. A Igreja, como comunidade de discípulos de Jesus, é a continuadora, ao longo dos séculos, da missão de Jesus e de seus primeiros discípulos. A lei do discipulado consiste em carregar a cruz no seguimento de Jesus. Esta expressão, na Igreja primitiva, designa o martírio, a exemplo do Mestre. Não só o martírio de derramar o próprio sangue como testemunha de Cristo e de seu Evangelho, mas, também, o testemunho de gastar a própria vida no empenho de anunciar Jesus Cristo e a sua "Boa Notícia".

Os Evangelhos mostram que ser discípulo de Jesus é fruto de uma vocação (ato de chamar). É ele quem chama e convoca. Mas a resposta pessoal só é possível com a ajuda da graça, isto é, da atração amorosa do Pai: *"Ninguém pode vir a mim, se o Pai, que me enviou, não o atrair"* (cf. Jo 6, 44). A resposta, livre e generosa, é algo muito profundo, pois atinge o segredo mais íntimo do ser humano. Ela consiste no encontrar-se com Jesus e acolhê-lo no todo de nosso ser, que precisa transformar-se por completo, o que requer mudar o rumo da vida. A acolhida de Jesus em nossa vida implica também em viver de acordo com os seus ensinamentos. Jesus é também mestre, o Mestre.

Mas a finalidade do discipulado é a missão, que brota da intimidade com Jesus e da convivência fraterna com outros discípulos. Por isso, a Igreja é uma comunidade de comunhão com Cristo em vista da missão. A dimensão da intimidade com o Senhor, a dimensão comunitária e a dimensão missionária são as características que fundam a Igreja.

A partir daí, podemos compreender a importância da Eucaristia. "Para que essa comunhão com ele fosse cada vez mais plena, Jesus Cristo se entregou a seus discípulos como Pão da vida eterna e os convidou na Eucaristia a participar de sua Páscoa"[45] (DNC n. 52). É na Eucaristia que a Igreja expressa a sua identidade e nela cresce. Como mostra o episódio de Emaús, a missão tem a sua fonte principal no encontro com o Cristo vivo presente na Palavra que faz arder o coração e na comunhão com a própria vida de Jesus, expressa no partir do pão pelo próprio Jesus. A Eucaristia alimenta a missão: "Eu estarei convosco todos os dias até o final dos tempos" (Mt 28,20) Jesus pronunciou essas pala-

---

[45] CNBB. *Diretório Nacional de Catequese* (Coleção Documentos 84). Brasília: Edições CNBB, 2006, n. 52.

vras, ao enviar os apóstolos em missão. A Eucaristia é também o objetivo da missão: levar a todos ao encontro com o Cristo vivo para que se tornem seus discípulos missionários.

Quando Paulo faz menção ao tempo em que ele passou com os irmãos em Éfeso, disse: "pois não me esqueci de vos anunciar todo o desígnio de Deus para vós" (At 20,27), Paulo tinha consciência de que os havia formado como discípulos e que, para isto, lhes havia transmitido os ensinamentos indispensáveis para que eles tivessem a consciência, de que Deus os chamou para serem discípulos missionários do Senhor.

A obra evangelizadora de Paulo suscitou muitos outros discípulos e discípulas. Ele mostrou a força do anúncio querigmático que provoca e estimula à adesão de novos seguidores de Jesus (Rm 16).[46]

2. Contexto eclesial

De acordo com Aparecida,[47] o processo de IVC e de formação do discípulo missionário acontecem por meio dos seguintes pontos:

a) **O encontro pessoal com Jesus Cristo**: A iniciação cristã acontece ao longo de um processo-itinerário específico que tem, como meta, o encontro pessoal com Jesus, pelo qual se inicia a conversão, a mudança de vida. Mas, devido ao nosso estado natural, de pessoas em constante crescimento, amadurecimento, portanto, mudança, esse encontro deve renovar-se constantemente, estimulado pelo anúncio querigmático, pelo testemunho pessoal dos discípulos missionários e pela ação missionária da comunidade. Cabe destacar que há necessidade de motivar o interesse por Jesus e promover junto às pessoas o caminho e itinerário que conduz ao encontro com Ele.

b) **A Conversão**: É a resposta generosa ao chamado do Senhor, com admiração e gratidão, de quem encontrou o Senhor, O escuta, crê n'Ele, e articula segundo Ele, sua forma de pensar, de relacionar-se e de viver.

c) **O Discipulado**: É o aprofundamento na inserção no mistério de Jesus Cristo, de sua pessoa, exemplo, mensagem e missão.

d) **A Comunhão**: É a inserção e participação dinâmica na comunidade de Jesus. Neste sentido é preciso investir na formação cristã nas famílias, nas paróquias, nas

---

46 CNBB. COMISSÃO EPISCOPAL PARA A DOUTRINA DA FÉ. *Anúncio Querigmático e Evangelização Fundamental – Subsídios Doutrinais 4*. Brasília: Edições CNBB, 2009, n. 49, p. 24.

47 CELAM. *Documento de Aparecida*. Conclusões da V Conferência Episcopal Latino-americana e caribenha, celebrada em Aparecida/SP, maio de 2007. Brasília: Edições CNBB, 2007.

comunidades de vida consagrada, nas comunidades de base, nas outras pequenas comunidades e movimentos. É fundamental aqui o exemplo das Comunidades primitivas como o revela o evangelista São Lucas em Atos dos Apóstolos, especialmente nos capítulos 2, 42-47 e 4, 32-37. Nestes textos é possível observar o modo do discípulo participar da vida da Igreja e fazer a experiência de viver o amor de Cristo em unidade com os irmãos numa dinâmica de fraternidade solidária.

e) **A Missão: É o compromisso de colaborar diretamente na missão que Jesus veio realizar no mundo, a salvação e a expansão do Reino de Deus. É cumprir** o mandato missionário "Ide por todo o mundo, fazei discípulos meus!" (cf. Mt 28, 19). Discipulado e missão são inesperáveis.

O anúncio se fundamenta, pois, no fato da presença do Cristo Ressuscitado hoje na Igreja, e é fator imprescindível do processo de formação de discípulos e missionários (DAp n. 279). Nesse processo, a missão da catequese consiste em formar cristãos adultos de modo a que, maduros na fé, sejam inseridos na comunidade e dela participem, como discípulos missionários. Para tanto, se faz necessário que essa catequese, que se deseja de inspiração catecumenal, esteja aberta às diferentes realidades humanas e se coloque a serviço das pessoas e da sociedade por meio do testemunho da mensagem que anuncia. (cf. IVC, p. 39).

É importante compreender nessa dinâmica que a finalidade da IVC resulta da ação de fazer discípulos capazes de acolher a Palavra e aceitar Deus na própria vida. Isto como resultado da evangelização e catequese que realizamos em nossas comunidades. A condição para que isso aconteça envolve a conversão e o seguimento, pois o discipulado implica em aprofundamento do seguimento e renúncia ao que é contrário ao projeto de Deus. É o discipulado que promove a proximidade com Jesus e o compromisso com a comunidade e missão (cf. DNC, n. 34).

Diante disso pode-se compreender que a experiência do discipulado contempla o fato de que as comunidades dos discípulos de Jesus não estão a serviço de si próprios, mas dos outros. Quem foi escolhido, recebe um encargo, uma missão. A missão fundamental é pregar o Evangelho, anunciar Jesus, revelar o amor do Pai pela humanidade (cf. CR 66). O verdadeiro discípulo de Jesus é missionário do Reino. Para tanto é necessário incentivar esta consciência nas comunidades eclesiais para que (Cf. DGAE, n. 25). Todo o processo catequético [tenha] como missão ajudar o catequizando a fazer uma verdadeira experiência da fé em Jesus Cristo e a despertar para a missão. Esse processo implica prioritariamente um encontro pessoal e comunitário com Jesus Cristo, que é capaz de mudar nossa vida, levar ao engajamento na comunidade eclesial e ao compromisso missionário e transformador. (DGAE n. 42; *Revista de Catequese*, 125, janeiro-março 2009, p. 45-46)

A partir desse entendimento conclui-se que "Não há, portanto, autêntica catequese sem iniciação à missão" (DNC n. 53g), ou seja, é competência da catequese ajudar o catequizando a fazer uma verdadeira experiência de fé na Pessoa de Jesus, despertando-o para a missão de anunciar o Reino, por meio de seu compromisso pessoal e intransferível como membro da comunidade de fé. Contribui, nesse sentido, o fato de que uma autêntica catequese, começa pela iniciação cristã e chega a constituir-se em um processo de formação permanente, como caminho de encontro pessoal e comunitário com Jesus Cristo; capaz de mudar nossa vida pessoal e comunitária (cf. SANTOS, 2009, p. 45-46).

Assim, podemos afirmar que é preciso ajudar as pessoas a conhecer Jesus Cristo, fascinar-se por Ele e optar por segui-lo, mesmo diante das adversidades e provações a que cada pessoa possa ser sujeita.

O Documento da CNBB: *Diretrizes Gerais da Ação Evangelizadora da Igreja no Brasil* (DGAE 2011-2015), sintetiza muito bem o que está sendo proposto, desde Aparecida, em 2007 a respeito da IVC. Uma das insistências da Igreja no Brasil é que a IVC e a Palavra de Deus estão intimamente ligadas e que o contato pessoal e comunitário com a Palavra de Deus constitui lugar privilegiado para o encontro com Jesus Cristo e de seu fortalecimento como discípulo missionário.

Nesse sentido, as Diretrizes nos sinalizam que na formação dos discípulos missionários é necessário articular fé e vida considerando cinco aspectos fundamentais, quais sejam: o encontro com Jesus, a conversão, o discipulado, a comunhão e a missão. Nesse processo, portanto, a formação se efetiva na vivência comunitária. Esta se concretiza por meio da participação em encontros e celebrações, pela inserção nas atividades pastorais e nos momentos de capacitação. No entanto, é essencial compreender que tal formação não está limitada a cursos, pois seu referencial primeiro reside na contemplação da Pessoa de Jesus. Ele é a motivação para a pessoa se decidir a comunicar o Evangelho, a preparar-se para fazê-lo ao participar da comunhão eclesial e fazer a experiência de viver um amor incondicional (Jo 21,9-17). Isto porque é Jesus quem promove a verdadeira conversão pessoal e pastoral, o seguimento a Ele, como discípulos missionários (DGAE, 4;91)

Na dinâmica do processo de IVC alguns aspectos importantes *à formação* continuada do discípulo missionário, precisam ser considerados. Dentre eles, podemos eleger:

- O querigma – como maneira de aproximar a pessoa de Jesus, iniciando-a no discipulado (DAp, 288).
- O Ser discípulo – Nesta perspectiva entende-se que o discípulo necessita, para o seu crescimento, receber uma formação que lhe conceda uma aprendizagem

gradual no conhecimento sobre o amor e seguimento a Jesus. Esta deve ocorrer de tal maneira que possibilite a construção da identidade cristã que contempla a busca de sentido da vida e as convicções fundamentais do ser cristão.

- A comunidade – que com a competência evangelizadora seja capaz de assumir a iniciação a vida cristã, como meio para renovar a sua experiência comunitária e o seu caráter missionário.

- As características do discípulo, propostas na iniciação, consistem em ter como Centro a Pessoa de Jesus Cristo como fonte de oração, ser amante da Palavra, praticar a confissão, participar da Eucaristia, inserir-se na comunidade eclesial e social, capaz de um agir solidário e missionário fervoroso (cf. DAp, n. 292)

Mediante estes aspectos podemos observar que a formação do discípulo resulta de uma experiência junto *à* comunidade, portadora do mandato do Senhor, que enquanto formadora promove as condições para o encontro com Ele e as capacita para anunciar o tesouro do Evangelho. Esta experiência desperta o entendimento de que ser cristão implica em expressar a alegria de ser discípulo do Senhor. No entanto, esta alegria do discípulo, como nos afirma o documento de Aparecida

> ... é antídoto frente a um mundo atemorizado pelo futuro e oprimido pela violência e pelo ódio. [...] não é um sentimento de bem-estar egoísta, mas uma certeza que brota da fé, que serena o coração e capacita para anunciar a boa nova do amor de Deus. Conhecer a Jesus é o melhor presente que qualquer pessoa pode receber; tê-lo encontrado [...] fazê-lo conhecido [...] [é motivo de] alegria (cf. DAp, n. 29)

Por sua vez, o Papa Francisco, em sua Exortação Apostólica *Evangelii Gaudium*, esclarece que a alegria cristã é, por si mesma, a alegria do Evangelho que enche a vida da comunidade dos discípulos, é alegria missionária (cf. EG 21). Experimentam-na os setenta e dois discípulos, que voltam da missão cheios de alegria. Isto remete a perceber que a IVC, quando bem trabalhada, deixa o iniciando cheio de fervor e entusiasmo (cf. João 4,10; Lucas 10,17).

E, ainda, em relação ao objetivo de formar discípulos de Jesus Cristo, é oportuno salientar que muitas vezes usamos indistintamente, como sinônimos, as palavras "discípulo" e "aluno". Mas na verdade, discípulo sugere algo mais do que simplesmente uma pessoa que "aprende". O discípulo se encanta com o Mestre, quer segui-lo na originalidade de sua própria vida, acolhe na mente e no coração um novo jeito de tomar decisões, de compreender a realidade, de orientar suas forças criativas (CNBB. *Iniciação à Vida Cristã*, n. 161, p. 84).

Mediante estes dados pode-se compreender que os fiéis conseguirão se transformar em autênticos discípulos missionários na medida em que passarem vivencialmente por um caminho composto de vários passos. Assim, é importante o primeiro passo: O Querigma, o encontro entusiasmante com Jesus Cristo. Mas é preciso caminhar para o segundo passo: A conversão, o seguimento, a persistência, o aprofundamento. Não pode parar por aí. O caminho *é para um terceiro passo: O discípulo missionário, o engajamento, a transformação da realidade, a sua inserção nas profissões, na família, no mundo do trabalho, da política, das profissões e aí permear com os valores do Evangelho, da ética e da cidadania.*[48]

Olhando do ponto de vista do DNC, o fruto da evangelização e da catequese é o fazer discípulos. Mais do que preparar as pessoas para receberem esse ou aquele sacramento, é necessário ajudar as pessoas a chegaram a um encontro vital com Jesus Cristo e a uma verdadeira conversão a Ele e ao seu projeto de salvação.

Muitos catequistas se esforçam por transmitir a doutrina dos catecismos para pessoas que não tiveram nenhum primeiro contato ou impacto com a Pessoa e a mensagem salvadora de Jesus. Antes de qualquer ensino doutrinal é essencial que aconteça a evangelização, o anúncio primeiro. A catequese é o passo seguinte e, mesmo assim, precisa continuar com o processo evangelizador. Não deveria haver catequese que não seja evangelizadora e missionária.

O encontro de Jesus com a Samaritana, no Poço de Jacó (cf. Jo 4, 1-42), é um importante ícone e paradigma para uma catequese que se deseja ser formadora de discípulos, percorrendo o caminho da IVC, como o propõe o Documento 107 da CNBB – *Iniciação à vida Cristã: itinerário para formar discípulos missionários* – em seu primeiro capítulo. Vejamos como esta experiência de Jesus com a Samaritana pode ajudar em nosso caminhar:

- A Samaritana tem uma atitude firme, questionadora em relação a Jesus, mas se dispõe a dialogar com Ele, a ajudá-lo, a ouvi-lo e, também, fazer o que Ele lhe transmite sobre Deus e o culto a Ele. No decorrer do diálogo ela reconhece em Jesus, o Messias esperado. Deixa-se guiar pelo que viu e ouviu e torna-se discípula missionária do Senhor.
- Um dos versículos iniciais diz que ... "era preciso passar pela Samaria" (Jo 4,4), porque ali algo importante aconteceria na missão de Jesus. Através de um

---

[48] KESTERING, Juventino. *Catequese, caminho para o discipulado.* Conferência na 3ª Semana Nacional de Catequese. Itaici: Indaiatuba, 2009. Disponível em: <<http://soucatequista.com.br/wp-content/uploads/2017/07/Catequese-Caminho-para-o-Discipulado-dom-Juventino-Kestering.pdf>>. Acessado em 10/04/2018.

simples pedido dele à mulher, "Dá-me de beber" (Jo 4,7), começa um impressionante diálogo evangelizador que conduz à "água viva", aos "maridos dela" e, por fim, ao "culto verdadeiro" a ser prestado a Deus, em espírito e verdade. Tudo adquire sentido e tem um significado especial.

- Jesus se apresenta com sede. Na época, dar de beber era um dos símbolos do acolhimento. Mas a sede de Jesus é outra: é o seu desejo de nos ver seguindo seu caminho. Com simplicidade ele se apresenta como um necessitado, que reconhece ser ela capaz de oferecer-lhe algo de que está precisando. E o que Jesus precisa, ainda hoje, é que todos nós conheçamos o dom de Deus em nossas vidas.

É gratificante acompanhar o processo de uma pessoa que se encontra com Jesus. No passo a passo, vemos o quanto a Samaritana foi se dando conta da força da Palavra, dos gestos e da gentileza daquele Homem que lhe pedia água. Certamente, à medida que Ele ia dialogando com ela, seu coração palpitava. Estava despertando nela, o desejo de algo mais que satisfizesse sua sede para sempre.

"Conhecer", no sentido pretendido pelo evangelista João, é muito mais que o mero aspecto cognitivo, intelectual, racional: é experienciar, é viver o encontro pessoal, é deixar-se marcar pela presença da pessoa encontrada. A samaritana ainda não "conhece", o dom, e nem aquele que o pode dar. Tampouco sabe o que pedir, mas vai viver uma experiência transformadora, vai conhecer a verdadeira "água viva".

Vale a pena observar o que diz o Documento CNBB 107 sobre o anúncio e experiência de encontro da Samaritana com Jesus para dele se tornar discípulo. De fato, aproximar-se de Jesus e "vê-lo", é "experienciá-lo"; pois, o conhecimento da Samaritana acerca daquele "homem" estava apenas no início, mas ela já sentia o desejo de propor a outros a mesma experiência. Momento fundamental, indispensável, para a adesão amadurecida a Ele tornando a pessoa capaz de comunicar a sua mensagem, de levar à outros a possibilidade de realizarem a experiência de um encontro que transforma, porque isso somente Jesus Cristo nos dá (n. 31 e 32; Aparecida n. 41).

Vale a pena ressaltar o que continua nos dizendo o Documento de Aparecida, no nº 145, ao afirmar que, em razão da doação generosa de Cristo que atinge nossos corações na alegria e na gratuidade. Somos levados a compartilhar a experiência do acontecimento do encontro com Cristo, testemunhá-lo e anunciá-lo de pessoa a pessoa, de comunidade a comunidade e da Igreja a todos os confins do mundo (At 1,8) (n. 145 e 146).

A alegria do Evangelho, que enche a vida dos discípulos e da comunidade de discípulos, é uma alegria missionária. É preciso comunicar Jesus aos outros. Experimentam-na os setenta e dois discípulos, que Jesus enviou de dois em dois para a missão (cf. Lc 10, 17) e que voltam dela cheios de alegria. A Iniciação dos chamados ao discipulado missionário, que se dá pela comunidade e na comunidade, contagia a comunidade com a alegria do Senhor Ressuscitado, vivo no coração de cada pessoa e na comunidade congregada em nome dele.

Conclusão

A Formação de Discípulos Missionários, a partir da IVC é uma urgência do nosso fazer catequético. Somos testemunhas do quanto tentamos transmitir a fé, e muitos dos catequizandos, sem uma consciência da responsabilidade da missão, simplesmente recebem os Sacramentos e desaparecem. O Documento da CNBB 107, vem nos ajudar a tomar uma postura de vida cristã, caminho para o discipulado e missão, tornando-nos mais cuidadosos em conduzir o catequizando pelos itinerários catequéticos, ajudando-os na vivência da fé, do discipulado, da comunidade eclesial e da missão.

No encontro com a Samaritana, o diálogo partiu de uma situação vital (buscar água e "dá-me de beber") e complicada (ele judeu e ela mulher e samaritana). Jesus acolhe a mulher e sua situação e dá sentido à vida da Samaritana. A IVC, portanto, deve acolher e iluminar as questões existenciais da vida de cada pessoa (Doc. 107, n. 90) a partir do Encontro pessoal com Jesus, do compromisso com a Comunidade e do engajamento na missão.

4

A Catequese a serviço da Iniciação à Vida Cristã

Ir. Lucia Imaculada, cnsb*

---

* **Irmã Lucia Imaculada** (Ana Lúcia de Faria e Araújo), é religiosa da Congregação de Nossa Senhora de Belém. Licenciada em Serviço Social e Pedagogia, com pós-graduação em Ensino Religioso. É Membro da Sociedade Brasileira de Catequetas (SBCat). Atua na Arquidiocese de S. Sebastião do Rio de Janeiro: Coordenadora Arquidiocesana da Comissão da IVC; Professora na Escola Mater Ecclesiae, Seminário S. José, Escola Diaconal Santo Efrem e Instituto Superior de Ciências Religiosas.

1. À guisa de introdução

Esta temática da IVC tem sido bastante refletida, divulgada e ensaiada no Brasil, especialmente após a realização da 2ª Semana Brasileira de Catequese, grande e importante evento, promovido pela CNBB, e realizado em 2001, em Itaici, Indaiatuba-SP. A partir daí, muitos e importantes estudos foram e estão sendo elaborados em todo o Brasil, com o objetivo de orientar, animar e consolidar, nas comunidades eclesiais, a catequese de inspiração catecumenal que propõe retomar a proposta de iniciar à vida cristã fiéis de todas as idades.

Conforme afirma o papa Paulo VI em sua esclarecedora e sempre atual Exortação Apostólica *Evangelii Nuntiandi* (EN), é necessário recordar primeiramente que a Igreja existe para evangelizar, isto é, para "levar a Boa Nova a todas as parcelas da humanidade, em qualquer meio e latitude, e pelo seu influxo transformá-las a partir de dentro e tornar nova a própria humanidade" (n. 18). Nesta perspectiva, é preciso considerar os aspectos advindos do mandato missionário de Jesus e a interconexão entre eles na dinâmica da evangelização. Estes aspectos se configuram como orientações segundo o *Diretório Geral para a Catequese*:

> O mandato missionário de Jesus comporta vários aspectos intimamente conexos entre si: "proclamai" (Mc 16,15), "fazei discípulos e ensinai", "sereis minhas testemunhas", "batizai", "fazei isto em minha memória" (Lc 22,19), "amai-vos uns aos outros" (Jo 15,12). Anúncio, testemunho, ensinamento, sacramentos, amor ao próximo, fazer discípulos: todos estes aspectos são vias e meios para a transmissão do único Evangelho, e constituem os elementos da evangelização (n. 46).

A evangelização, portanto, apresenta várias vias para o anúncio da Boa Nova de Jesus Cristo e, dentre estas, encontramos a catequese. Esta é uma "atividade tão antiga quanto a Igreja"[49] e um momento essencial do processo de evangelização, está a serviço da IVC e da educação permanente da fé.

Em relação ao serviço da IVC, a Igreja vem retomando a grande metodologia evangelizadora e formadora de cristãos do início de sua história, chamado catecumenato ou processo catecumenal, para todos os que possam ser inseridos na prática de IVC, independentemente de sua experiência de vida e motivação espiritual.

---

49 Cf. João Paulo II. *Catechesi Tradendae*, capítulo II.

2. Catecumenato e Iniciação à Vida Cristã

É preciso ter claro que Catecumenato é um método; um caminho proposto pela Igreja desde seu início para realizar, comunitariamente, a IVC. As primeiras comunidades iniciavam os cristãos à vivência comunitária através, primeiramente, do anúncio de Jesus Cristo e evocação do Espírito Santo, da escuta da Palavra, das celebrações e do testemunho de vida. A decisão de seguir a Cristo, a profissão de fé e a conversão do candidato a ser cristão, o levavam aos Sacramentos da Iniciação Cristã (Batismo, Crisma e Eucaristia) e à sua integração no seio e na missão da comunidade dos seguidores de Jesus Cristo (cf. At 2,37-41; 4, 35-37).

Desde o Concílio Vaticano II (1962-1965), a Igreja nos pede a retomada deste processo de iniciação que leva ao encontro com Jesus Cristo, ao compromisso com a Comunidade eclesial e à missão. Mas, como levar as pessoas a um contato vivo e pessoal com Jesus Cristo? Para tentar responder a esta questão é necessário fazer acontecer uma mudança de foco que corresponda à mudança de época na qual vivemos atualmente. Isto significa redirecionar a mentalidade e a prática catequética de preparação para receber sacramentos para o processo de preparação de alguém que quer tornar-se cristão. E essa mudança é missão de todos nós: em primeiro lugar dos responsáveis pela condução da práxis catequética, ministros ordenados e catequistas, de modo a atingir os fiéis de nossas comunidades pais, padrinhos e catequizandos.

Os Bispos latino-americanos e caribenhos, reunidos em 2007, em Aparecida/SP, para a V Conferência Episcopal, apresentaram categoricamente a seguinte reflexão:

> [...] ou educamos na fé, colocando as pessoas realmente em contato com Jesus Cristo e convidando-as para o seu seguimento ou não cumpriremos nossa missão evangelizadora (DAp, n. 287)

Mas o que diferencia a catequese tradicional da catequese a serviço da IVC? A tradicional se limita a preparar para a recepção de um determinado sacramento, está preocupada em transmitir ao catequizando um resumo de conhecimentos sobre a fé cristã e, para isso, o estilo escolar de aulas. A IVC, porém, é um processo mais complexo, pois visa ajudar a pessoa a realizar seu encontro pessoal com Jesus Cristo, sua inserção na Comunidade eclesial e seu engajamento na missão. Ela engloba passos sucessivos de aproximação que devem mesclar vivência, conhecimento da Palavra e da doutrina e celebração (cf. Estudos da CNBB 97, n. 12).

Mas já não fazíamos isso antes? Certamente, em muitas práticas catequéticas havia esta preocupação, mas de maneira geral, o que se via, e ainda se vê, é um trabalho com característica acentuadamente expositiva, algumas vezes centrada na palavra do catequista, envolvendo pouco a família do catequizando, e deixando a desejar em relação à integração do catequizando na comunidade paroquial. Predominava uma certa característica de curso, que se encerrava na recepção dos sacramentos. Em alguns casos, a própria celebração dos sacramentos assumia um aspecto de formatura e despedida.

> Ainda que esta prática fosse comum, havia um sentimento de frustração por parte dos catequistas e párocos, pelo fato de catequizandos, de qualquer idade, não se comprometerem com Jesus Cristo e não se engajarem na caminhada eclesial. Talvez por haver uma suposição de que os mesmos já fossem suficientemente evangelizados, portanto, *já educados para a vivência cristã*, mas apenas necessitando dos Sacramentos.

A catequese a serviço da IVC, caracteriza-se pela centralidade do anúncio de Jesus Cristo através de uma metodologia que possibilite o anúncio da Boa Nova de Jesus Cristo, a escuta e reflexão da Palavra, o convite a aderir a Ele e *à sua proposta de vida, a realizar* a interação fé e vida e a partir para ação libertadora. Portanto, não se trata apenas de aprender doutrinas, mas de aderir a Jesus Cristo e ao projeto de vida com Ele.

Além disso, é fundamental desenvolver a dimensão celebrativa da fé, durante a qual aquilo que foi conversado, refletido e aprendido se transforma em oração de agradecimento, súplica, intercessão, enfim, ajudar as pessoas na abertura à ação silenciosa do Espírito Santo. Um outro objetivo consiste no despertar para a vida comunitária, visando oportunidades de integração do interlocutor, sua família, assim como do candidato nos acontecimentos e na missão da comunidade. Portanto, nunca é demais lembrar que na catequese, é Cristo, Verbo Encarnado e Filho de Deus, que é ofertado, transmitido, comunicado – todo o resto está em relação com ele, e somente Cristo ensina. Quem ensina, fá-lo na medida em que é seu porta-voz, permitindo a Cristo ensinar por sua boca... Todo catequista deveria poder aplicar a si mesmo a palavra de Jesus: Minha doutrina não é minha, mas daquele que me enviou (cf. CIgC n. 247).

O Ritual da Iniciação Cristã de Adultos (RICA), diz que "a Iniciação Cristã é a primeira participação sacramental na morte e ressurreição de Cristo" (n. 8). Certamente que a união profunda e vital com Jesus acontece por meio da recepção dos Sacramentos para propiciar o encontro vital com o Senhor. Por isso, a catequese precisara rever sua práxis, no sentido de promover nos catequizandos de todas as idades a experiência singular de que pelos sacramentos resultará uma experiência vital de sua própria morte ao pecado e seu ressurgir para a vida nova que Jesus nos traz.

3. Diante disto, o que fazer? Anunciar o Querigma

Como foi dito anteriormente, a IVC apresenta uma mudança de foco que exige, o repensar de práticas catequéticas e pastorais da Igreja. O Papa Francisco, na Exortação Apostólica *Evangelii Gaudium* n. 121, destaca que somos chamados a amadurecer como evangelizadores procurando ampliar a formação, aprofundar o amor e o testemunho do Evangelho. Nesse processo é preciso estarmos abertos para que as pessoas em nosso entorno nos evangelizem. Isto implica em conhecer a vida, a realidade das pessoas e a partir dela identificar a melhor maneira de comunicar Jesus, atendendo a situação concreta. Compete, portanto, a cada um contribuir com o seu próximo dando-lhe testemunho do amor salvífico do Senhor. Revelar aos nossos irmãos na fé, nossos catequizandos, independentemente da faixa etária, a compreensão de que o Senhor nos oferecer sua proximidade, sua Palavra e força, sem preocupar-se com nossas limitações. Desta forma, a missão é uma motivação para continuarmos buscando o nosso crescimento, lançando-se, como nos diz São Paulo, para o que vem à frente (cf. Fl 3,12-13), sendo testemunho de fé, realizando efetivamente uma catequese evangelizadora, pois como insistia o Papa Paulo VI, todos somos chamados a crescer como evangelizadores com uma boa formação e o testemunho do amor fraterno. Isto não significa que devemos renunciar à missão evangelizadora, mas encontrar o modo de comunicar Jesus que corresponda à situação em que vivemos, dando testemunho explícito do amor salvífico do Senhor.

O nosso coração sabe que a vida não é a mesma coisa sem Ele, pois bem, aquilo que descobrimos, o que ajuda a viver e dá esperança, isso é, o que deves comunicar aos outros (EG n.12). A nossa imperfeição não deve ser desculpa, pelo contrário, a missão é um estímulo constante para não nos acomodarmos na mediocridade, mas continuarmos a crescer (Fl 3,12-13).

Esta preocupação com uma catequese evangelizadora vai de encontro ao primeiro tempo do processo catecumenal, denominado de pré-catecumenato. Este tempo tem como característica principal *o anúncio do Querigma*. Este anúncio liga-se à apresentação da Boa Nova, baseada na pregação dos apóstolos. Seus principais conteúdos estão ligados ao amor de Deus (Rm 8,28-39; Ef 1,3-23; IJo 4,7-10), ao pecado do homem (Jo 3,16; Rm 5,8s; IJo 1,8-2,2), à apresentação da pessoa de Jesus, nosso Salvador (Rm 4,18-25; 10,9-13; ITm 1,15; I Jo 5,1-5). Como consequência, ao abraçar esta Boa Nova, são suscitadas no ouvinte a fé, a conversão (Jo 10, 7-15; Jo 15,9-11) e a ação do Espírito Santo que conduz à inserção na comunidade de fé (At 1,4-8; Rm 8, 26s) e à missão.

Estes elementos devem estar presentes durante todo o processo catecumenal. Pois, Aparecida afirma a necessidade de propiciar o encontro com Cristo que motiva e impulsiona todo o processo de IVC. Daí a necessidade não só de conhecer a motivação do interlocutor, mas levá-lo a aprofundar sua busca existencial, favorecendo, assim, o processo que leva ao encontro com Cristo, através do Querigma. E este deve ser renovado constantemente pelo testemunho, pela palavra e pela celebração. Sem o Querigma, os demais aspectos desse processo estão condenados à esterilidade, sem corações verdadeiramente convertidos ao Senhor. Só a partir do Querigma acontece a possibilidade de uma Iniciação Cristã verdadeira (cf. DAp, n. 278).

Sabemos que, nos dias de hoje, a fé daquele(s) que se aproxima(m) da comunidade eclesial, não pode ser mais suposta como firme e esclarecida. Por outro lado, não há clima para uma fé imposta. É preciso de nossa parte, realizar com ele(s) a proposta de uma fé esclarecida, celebrada e vivenciada, a fim de gerar uma resposta livre e consciente da parte daquele(s) a quem a Boa Nova é anunciada. Esta resposta deve levar ao encontro profundo com Jesus e sua Igreja. Precisamente, por isso, o pré-catecumenato é um tempo de acolhimento, de escuta e de diálogo, de anúncio da Boa Nova de Jesus Cristo – tempo de apresentar Jesus como a fonte de todo o bem e de toda a graça, que nos liberta do mal e nos leva a experimentar o Amor do Pai pela ação do Espírito Santo.[50]

4. E o que mais? Mergulhar no Mistério...

Mistagogia, é uma palavra grega que significa conduzir ao mistério. Alguns a entendem como o conhecimento de um segredo, o segredo de Deus. Para os cristãos, significa conduzir para Jesus Cristo, fazer a experiência do amor de Jesus.

No início da Igreja o tempo pascal era mais fortemente dedicado à catequese mistagógica. Assim, aquelas pessoas que tinham sido batizadas na noite de Páscoa, recebiam uma catequese que visava "o progresso no conhecimento do Mistério Pascal através de novas explanações, sobretudo dos sacramentos recebidos e ao começo da participação integral da Comunidade."[51]

A meta do catequista, que também deve ser mistagogo, é a de renovar os sentidos dos recém-batizados, fazendo-os saborear as coisas do alto partindo da celebração batismal. Assim, fazem a experiência da presença amorosa de Deus, através dos sinais sensíveis. Quando "renascemos pela Água e pelo Espírito recebemos um coração novo,

---

50 ARQUIDIOCESE DE SÃO SEBASTIÃO DO RIO DE JANEIRO. *Diretório Arquidiocesano da Iniciação Cristã*, n. 117.
51 Cf. RICA n. 37-40.

que pertencemos ao rebanho de Cristo, que nos conhece e nos chama pelo nome. [...] [É preciso] saber avaliar tão grandes tesouros e agradecermos devidamente.[52]

O grande e mais enriquecedor momento da catequese mistagógica acontece nas semanas seguintes à Vigília Pascal na qual acontece a recepção dos Sacramentos da Iniciação. No entanto, este cuidado com as celebrações, enriquecido pela Palavra e pelos sinais, deve estar sempre presente em todo o processo catecumenal. Podemos afirmar que, junto ao Querigma, a mistagogia também pode ser considerada um fio condutor que, paulatinamente vai levando o catequizando a mergulhar no mistério de Cristo.

Por ocasião do 40º aniversário da Constituição *Sacrosanctum Concilium*, do Concílio Vaticano II, o Papa João Paulo II recomendava: *É mister (...) que os Pastores encontrem a maneira de fazer com que o sentido do mistério penetre nas consciências, redescobrindo e praticando a arte mistagógica, tão querida aos Padres da Igreja.*

Parafraseando João Paulo II, pode-se afirmar que todos os responsáveis pelo processo da IVC na comunidade eclesial, em especial os catequistas, devem fazer com que o sentido do mistério penetre nas atividades catequéticas e chegue aos catequizandos. Este sentido começa na arrumação do ambiente onde se realizam os encontros semanais, procurando inserir algum símbolo que esteja ligado ao tema da catequese, além da prática da leitura orante da Bíblia, as atitudes corporais de oração, a escolha de cânticos que colaborem na interiorização da mensagem, os momentos de silêncio, louvor, adoração...

Todos estes cuidados não devem ser considerados apêndices da catequese, porém parte integrante da mesma, colaborando na superação do divórcio entre catequese e Liturgia. O ano litúrgico, passa a ser considerado o grande itinerário pessoal e comunitário da vida cristã. Ora, a catequese torna-se cristocêntrica, quando é considerada como lugar de encontro com a Pessoa e o Mistério de Cristo através da Palavra de Deus e tem seu lugar privilegiado na Liturgia. Esta é uma das fontes da catequese, porque também é nela que se tomam as leituras que são explicadas na homilia. Os salmos que se cantam, as preces, as orações e hinos litúrgicos são penetrados do seu espírito, e dela recebem seus significados as ações e os sinais.[53]

Sérgio Valle, afirma oportunamente que "podemos partir do princípio de que o centro da catequese, na Igreja, é Jesus Cristo. O mesmo tipo de afirmação pode ser feito com relação à Liturgia: o centro da celebração litúrgica, na nossa Igreja, é Jesus Cristo e seu Mistério Pascal. A diferença entre uma e outra está no método. A catequese tem

---

52 CAVALCANTI. Me. Maria Helena Cavalcanti. Arquivo da Congregação de Nossa Senhora de Belém.
53 Cf. CONCILIO VATICANO II. *Sacrosanctum Concilium*, n. 24.

por finalidade falar e instruir sobre Jesus Cristo e seu Evangelho, ao passo que a Liturgia celebra Jesus Cristo e, mais que isso, tem sua presença viva e atuante na celebração".[54]

Os ritos celebrados durante o processo catecumenal tornar-se-ão, portanto, sinal de progressividade no itinerário espiritual de cada candidato. Esta catequese consiste em ajudar a pessoa a mergulhar no mistério, partindo dos sinais sensíveis da liturgia. Portanto, a catequese litúrgica tem em vista introduzir no mistério de Cristo, procedendo do visível para o invisível, do significante para o significado, dos sacramentos para os 'mistérios".[55]

Este tipo de catequese supõe um envolvimento especial da comunidade dos fiéis, e, também, a vivência concreta da caridade que vai consolidar a prática da fé cristã, facilitando, assim, a incorporação do fiel à comunidade eclesial.

5. Qual a consequência deste processo? A inserção na comunidade cristã

A IVC, quando bem desenvolvida, torna-se uma verdadeira pedagogia de vida comunitária. Ela é o processo pelo qual nos tornamos cristãos, mediante uma inserção global na vida de fé, eclesialmente expressa nos três sacramentos que assinalam e consagram o início da vida cristã: o Batismo, a Confirmação e a Eucaristia. A iniciação é para Jesus e sua Igreja.

A iniciação dos catecúmenos faz-se à maneira de uma caminhada progressiva, dentro da comunidade dos fiéis. Esta, juntamente com os catecúmenos, medita no valor do mistério pascal e renova a sua própria conversão, e deste modo, com o seu exemplo, leva-os a seguirem generosamente o Espírito Santo.[56]

Como se trata de uma mudança metodológica, são necessários ajustes, que só serão conhecidos no desenrolar do processo. Não há receitas prontas, porém, algumas pistas nos ajudam neste caminhar.

O RICA afirma que a iniciação é algo do povo de Deus e interessa a todos os batizados. Logo, o Catecumenato está ligado a uma comunidade de fé que torna-se referência para todos aqueles que a procuram para trilhar seu itinerário espiritual (n. 41).

---

54 VALLE, Sergio. *Liturgia na catequese: aprender a celebrar, celebrando.*
55 CATECISMO DA IGREJA CATÓLICA, n. 1075.
56 Cf. RICA, n. 4

A comunidade antecede, recebe, acompanha e ampara todos os que a procuram, independente de faixa etária, condição social ou cultural. A comunidade cristã é o espaço para integrar a fé e a vida, mas é também lugar onde procuramos vivenciar e aprofundar a Palavra de Deus, a celebração eucarística e a prática da caridade. No início do Catecumenato, representantes de pastorais apresentam-se aos candidatos e o trabalho que realizam. Após a demonstração de interesse por parte dos candidatos estes serão conduzidos pela coordenação ou pelos catequistas a estas pastorais nas quais colaborarão com o serviço evangelizador da Igreja e serão acompanhados por estes agentes.

É este um dos elementos próprios do tempo específico para o Catecumenato, segundo oportunas observações do RICA, para introduzir o candidato na prática evangelizadora da Igreja.

Crianças e adolescentes, jovens e adultos devem, durante o tempo do Catecumenato, ser motivados a se integrar nos grupos existentes na comunidade e adequados à respectiva faixa etária, bem como incentivados a perseverar nos mesmos, após a celebração dos Sacramentos da Iniciação Cristã, em vista da educação permanente da fé.[57]

É na comunidade que acontece o processo da Iniciação Cristã de adultos, jovens, adolescentes e crianças em idade própria. O RICA destaca os Introdutores, os Catequistas, os padrinhos, o Bispo, Padres, Diáconos e a comunidade, como responsáveis pela Iniciação Cristã. Daí decorre a necessidade de, durante o processo, organizar-se o grupo de Introdutores que exercem um ministério de ajuda, semelhante ao dos padrinhos. Começa antes do Catecumenato, é ativo em todo o seu desenrolar e é substituído pelo padrinho ou madrinha apenas no final do Catecumenato.

O RICA afirma que no acompanhamento de uma pessoa cabe ao Introdutor "ensinar familiarmente (...) como praticar o evangelho em sua vida particular e social, auxiliá-lo nas dúvidas e inquietações, dar-lhe testemunho cristão" e, depois da celebração dos sacramentos, "velar pelo progresso de sua vida batismal". Escolhidos e devidamente orientados, eles devem ser uma espécie de padrinhos em nome da comunidade, auxiliares no caminho da fé (n. 43).

Outra figura de destaque é o catequista, pessoa importante para o desenvolvimento da comunidade, sendo capaz de desenvolver e adaptar a catequese de modo que esteja envolta pelo espírito evangélico, de acordo com os ritos e calendário litúrgico, como também, enriquece-la com os elementos das tradições locais (cf. RICA n.48). O catequista, assim, garante o caráter evangélico, litúrgico, existencial e inculturado da catequese.

---

[57] ARQUIDIOCESE DE SÃO SEBASTIÃO DO RIO DE JANEIRO, *Diretório Arquidiocesano da Iniciação Cristã*, n. 59; RICA n. 19.

Mesmo assim, terá facilidade de trabalhar em equipe com os Introdutores e com os demais catequistas, pois a proposta é que atuem em conjunto no Catecumenato, e não cada um separadamente. Devem ter alguma habilidade de lidar com grupos de pessoas e de falar em público. Devem ainda ter um certo conhecimento orgânico da fé cristã, o que naturalmente será ampliado e reforçado pela formação. Os catequistas contam no seu ministério com a ajuda dos ministros ordenados.

Em cada diocese, o bispo é o primeiro dos ministros da IVC e o principal responsável pela criação e desenvolvimento do Catecumenato.[58] Os presbíteros motivam as comunidades e seus membros para o testemunho da fé e para o acolhimento dos que são despertados. Assim também, ao longo do processo, os diáconos permanentes também acompanham o ministério dos catequistas e dos Introdutores, zelando pelas celebrações durante todo o percurso da Iniciação. Diz o RICA que a multiplicação de diáconos permanentes permitiria uma presença efetiva deles na vida dos catecumenatos.[59]

Por fim, os membros da comunidade também têm uma contribuição fundamental: anunciam, com palavras e com a vida, a mensagem de Cristo; difundem a fé nas várias circunstâncias da vida; auxiliam os que procuram o Cristo e devem acolhê-los nas reuniões comunitárias e ritos celebrados em público. Mesmo depois da celebração dos Sacramentos Pascais, devem estar presentes nas celebrações especiais e procurar cercá-los de afeição e ajudá-los a se sentirem felizes na comunidade cristã.

6. À guisa de conclusão

"O caminho se faz caminhando..." E é neste tempo que surgem as dúvidas, dificuldades, alegrias e questionamentos. Para as paróquias que assumem o processo, torna-se evidente a necessidade de mudanças não só em nível de metodologia, mas também de concepção da própria ação eclesial. Começa a despontar uma eclesiologia de participação e integração entre sacerdotes e leigos, entre as pastorais e na própria metodologia: o anúncio do Querigma com o surgimento da figura do Introdutor na iniciação de jovens e adultos, o acompanhamento personalizado, próprio para esta época de massificação e ao mesmo de isolamento, além da integração entre catequese e Liturgia, a inserção na vida comunitária.

Sempre haverá muito por se fazer, mas a IVC tem colaborado em pequenas, mas significativas mudanças, no modelo catequético até então mais preocupado com a preparação sacramental através de uma catequese muito nocional e escolarizada. Sabe-se

---

[58] RICA n. 44
[59] Cf. RICA n. 41-47.

que o caminho é longo, havendo a necessidade de se quebrar muitas estruturas cristalizadas há anos, além de se buscar um convincente caminho de fé que dialogue com a realidade multifacetada dos dias atuais.

Por fim, a observação e constante levantamento das dificuldades e alegrias do Catecumenato, exigem das comunidades eclesiais algumas ações, acompanhadas de oração e discernimento:

a) O envolvimento de toda a comunidade, tendo o pároco como grande incentivador do processo catecumenal e o compromisso do leigo na promoção da IVC.

b) A compreensão de que, mais do que imposição, necessita-se de convicção para a implementação deste caminho formativo.

c) O estudo do Ritual da Iniciação Cristã de Adultos (RICA), dos documentos eclesiais e de tantas publicações, que têm surgido sobre o tema, como fundamentos litúrgico-metodológicos do processo.

d) A coragem de assumir o desafio de uma renovada mentalidade de acolhimento, acompanhamento e formação de todos os que batem às portas de nossas comunidades eclesiais.

Após o estudo e a conscientização de todos os envolvidos direta ou indiretamente no trabalho da IVC, as comunidades partem para a elaboração do projeto de sua implantação do processo catecumenal, que inclui:

a) Criação da comissão paroquial da IVC;

b) Elaboração de um calendário com os diversos tempos do processo catecumenal; apresentação sistemática do conteúdo catequético, alimentado pela Palavra de Deus e o Catecismo da Igreja Católica, as etapas com seus ritos de passagem e entregas.

Ao darmos esses passos, propiciaremos para que a atividade evangelizadora de nossas paróquias seja sempre mais aprofundada e inculturada. Com um bom trabalho e uma vida de conversão, palmilharemos os caminhos do seguimento de Cristo e o do anúncio alegre e feliz da salvação a todas as pessoas. Afinal, *viver de esperança é ter no semear, a mesma alegria da colheita.*[60]

Por fim, o que marca a realidade das grandes cidades é a pressa. E apresentar uma proposta de catequese onde a pressa não conta, é um grande desafio, ou talvez a maior dificuldade a ser transposta em nossas igrejas, hoje. A IVC é uma pérola que poucos acharam e é claro, quem já achou, descobriu seu valor e já colhe os frutos de uma catequese iniciática, onde aqueles que realmente se permitiram viver a experiência, encontram na comunidade o seu lugar, a sua casa e se colocam à serviço de coração onde quer que estejam. Propagam o que aprenderam, se tornam discípulos missionários nos lugares onde estão e frequentemente trazem outros para a mesma caminhada do seguimento de Jesus Cristo que estão vivendo.

---

[60] CAVALCANTI, Mª Helena Cavalcanti. *Coletânea de poesias*. Arquivo da Congregação de Nossa Senhora de Belém

5

Mística, Liturgia e Mistagogia na Iniciação à Vida Cristã

Ir. Rosângela Aparecida Fontoura*
e Pe. Roberto Bocalete**

---

* **Irmã Rosângela Aparecida Fontoura** é Religiosa da Fraternidade Missionária das Servas da Igreja. Licenciada em Pedagogia (UNIRP) e com pós-graduanda em Pedagogia Catequética (PUC-Goiás). É Membro da Sociedade Brasileira de Catequetas SBCat. Atua em São José do Rio Preto/SP: Coordenadora Diocesana da Animação Bíblico-Catequética; Coordenadora Escola Bíblico-Catequética (EBICAT) e Professora do Centro de Estudos Sagrado Coração de Jesus.

** **Padre Roberto Bocalete** é Presbítero da Diocese de São José do Rio Preto-SP. Atua na, Paróquia São João Batista, de Américo de Campos. Licenciado em Letras (UNORP), bacharelado em Filosofia e em Teologia (ARCE – Associação rio-pretense católica de ensino), e Especialista em Pedagogia Catequética (PUC-GOIAS) é Membro da Sociedade Brasileira dos Catequetas (SBCat), da Equipe Diocesana de Animação Bíblico-Catequética e da Coordenação da Escola Bíblico-Catequética (EBICAT). É ainda Assessor diocesano da Pastoral de Comunicação e Professor em Escolas Bíblico-Catequéticas e no Curso de Teologia Noturno no Centro de Estudos Superiores Sagrado Coração de Jesus e Chanceler da Diocese de Votuporanga.

Introdução

Há alguns anos os catequistas estão sendo chamados a buscar, nas origens do cristianismo, um novo itinerário e uma nova metodologia para a catequese. Nesse "ir às origens" redescobrimos o Catecumenato. Instituição que respondeu de modo eficaz às necessidades da IVC daqueles que desejavam ser cristãos nos séculos II, III e IV. Redescobrir o Catecumenato nos colocou diante de termos até então desconhecidos pela maioria de nós catequistas, como: iniciação, processo, Introdutores, etapas, tempos, mística, Querigma, mistagogia. Redescobrir que a catequese está a serviço da IVC e que, para responder às necessidades dos homens e mulheres de hoje, esse processo deve ter uma inspiração catecumenal, exige de nós redescobrir de modo experiencial a mistagogia como meio que nos introduz ao grande Mistério da nossa fé, que é o próprio Cristo e, ao mesmo tempo, celebrá-lo com a mística necessária para testemunhá-lo como discípulos seus, resultado do nosso encontro pessoal com Ele, o Ressuscitado.

A experiência litúrgica nessa redescoberta tem uma importância fundamental. É preciso celebrar a fé, vivenciar a caminhada de maturidade, se inserindo no mistério; sentir Deus vindo ao nosso encontro e nos atingindo com sua palavra e sua ação transformadora por meio dos ritos, sinais, símbolos, por meio dos sacramentos. É preciso consciência do que se celebra, adesão ao projeto de salvação celebrado, é preciso educar para participar: pelo Espírito Santo, ser transformado interiormente, a cada expressão litúrgica.

A Liturgia bem celebrada pressupõe a mística do discípulo e a iniciação realizada por meio da metodologia mistagógica. A inspiração catecumenal nos lança no profundo desafio de ampliar os horizontes de nossos interlocutores, abrindo caminhos para "saborearmos" a Liturgia como fonte da vida cristã.

1. Mística, liturgia e mistagogia: esclarecendo conceitos

A palavra *mística* é um adjetivo da palavra mistério em grego. Diz-se que alguém é místico quando tem uma experiência pessoal com Deus e age a partir dessa experiência, tendo-a como referencial de valor em suas decisões e ações. O místico testemunha um encontro com Deus e constrói um caminho experiencial rumo ao sentido último da vida, agindo sempre em favor do que mais precisa ser reconhecido. A mística é a aceitação do mistério e ao mesmo tempo favorecimento dessa experiência a outras pessoas. No que eu aceito, eu oferto e conduzo.

A mística cristã não consiste em primeiro lugar num mergulhar em si mesmo, mas no encontro com a Palavra que nos precede; encontro com o Filho e com o Espírito Santo. Assim, o discípulo se torna um só com o Deus vivo, que está sempre tanto em nós como acima de nós. Portanto, a mística é entendida como parte essencial da santidade cristã, definida como a união íntima com Cristo, que nos faz íntimos do seu mistério pelos sacramentos celebrados. O místico, a caminho da santidade, sabe que encontrou o fundamento de sua vida e, por isso, celebra e age a partir de Jesus Cristo.

A *Liturgia* é vida, vivência em comunidade, relação sagrada entre Deus e seu povo; celebração do mistério pascal de Cristo no hoje da história. Sua origem está na palavra grega *leitourgia,* que pode ser traduzida como serviço feito ao povo ou prestado para o bem comum. A Liturgia é ação e participação: pressupõe consciência, pertença, inteireza do ser para celebrar, concentração e, também, participação, atuação. A ação litúrgica tem caráter simbólico-ritual: sinais, gestos, símbolos que são expressivos e falam por si mesmos, sem a necessidade de explicações verbais. A liturgia tem uma estrutura sacramental, parte do visível para o invisível, fazendo os celebrantes partícipes da obra salvadora de Cristo.

A Liturgia pressupõe experiência de abertura ao Espírito Santo, portanto, vida espiritual; necessita da participação corporal, que toque nossa realidade física; pressupõe atitude de escuta da Palavra, intimidade com o Pai a partir de Jesus Cristo, deixando-se iluminar pelo Espírito Santo; necessita de relação e de proximidade com a comunidade celebrante, sendo um "só coração e uma só alma". Este processo dá o sentido próprio do aprendizado das verdades do Reino.

A *mistagogia* é, ao mesmo tempo, conhecimento do mistério contido nas Escrituras e conhecimento do mistério contido na Liturgia. O termo mistagogia é de origem grega, formado por dois vocábulos: *mystes,* que significa mistério, e *agein,* que significa conduzir. A partir de sua origem concluímos que a mistagogia é *conduzir ao mistério.* Para o desenvolvimento da mística e da inteireza nos mistérios litúrgicos, é preciso mergulhar nesse mistério.

Mistagogia pode ser traduzido por conduzir para dentro do mistério. O que se entende por isso? Para ser cristão ou cristã, não basta ter um conhecimento intelectual de Cristo e de sua proposta. Não basta assumir como regra de vida algumas propostas de conduta moral do cristianismo. Vida cristã é, antes de tudo, adesão a pessoa de Jesus, seguimento no caminho dele, identificação com ele em sua morte e ressurreição, em sua entrega total a serviço do Reino, "até que Deus seja tudo em todos (1Cor 15, 28).[61]

A configuração a Cristo, essa participação ativa, consciente, mística, espiritual, vital e existencial, que envolve todas as dimensões e todos os momentos da vida humana, não se faz de um dia para outro. Ela requer um longo processo, caminho eficaz, itinerário, planejamento (BUYST, 2008, p. 12-13). No centro desse processo de vida cristã, encontramos a metodologia mistagógica de inserção no mistério e a Liturgia como cume e fonte.

Cada gesto, sinal, rito, palavra, pode se tornar um momento de descoberta da presença de Deus, revelando a profundidade do seu amor, bondade e misericórdia, atribuindo sentido a nossa vida, respondendo as nossas perguntas inquietadoras e sentimentos contraditórios, e apontando o seguimento a Cristo como caminho de felicidade.

2. A Liturgia como fonte da Catequese

A catequese se estrutura a partir de fontes. Cristo é a fonte por excelência (Revelação), a Sagrada Escritura é a fonte inspirada e documento principal da fé, a Liturgia é a fonte celebrativa do mistério cristão; bebe-se também da Tradição, da atualização da Palavra feita pelo Magistério e do testemunho dos cristãos. As fontes são lugares e modos nos quais a Palavra de Deus se revela e nos quais a catequese deve beber constantemente para uma identidade sempre genuína.

A Liturgia é fonte inesgotável da catequese, não só pela riqueza de seu conteúdo, mas pela sua natureza de síntese e cume da vida cristã: enquanto celebração ela é ao mesmo tempo anúncio e vivência dos mistérios salvíficos; contém, em forma expressiva e unitária, a globalidade da mensagem cristã. Por isso ela é considerada lugar privilegiado de educação da fé e os autênticos itinerários catequéticos são aqueles que incluem em seu processo o momento celebrativo como componente essencial da experiência religiosa cristã.

> A liturgia tem um enorme potencial evangelizador e catequético, ou antes, que ela própria é, sem perder a sua especificidade, uma forma excelente de evangelização e de catequese. Mas não de forma automática e quase mágica: para se tornar catequese em ação, a liturgia tem de percorrer um longo caminho de renovação, de avaliação de suas linguagens simbólicas, de inculturação, seguindo as leis de toda comunicação da fé válida e correta (ALBERICH, 2004, p. 316).

---

[61] Cf. BUYST, Ione/FONSECA, Joaquim. *Música, ritual e mistagogia*. São Paulo: Paulus, 2008, p.12-13.

A ação litúrgica faz memória, isto é, torna presente, traz para o momento atual os acontecimentos da salvação. A Liturgia é a celebração dos mistérios de Deus. Os "mistérios" são os projetos de Deus que se realizam na pessoa de Jesus Cristo: a encarnação, a redenção e a salvação de todos os homens, a instauração do Reino. O mistério central da vida de Jesus Cristo é o mistério pascal. A liturgia celebra a Páscoa do Senhor e a Páscoa de seu povo. Celebra os sofrimentos, a morte, e a vitória de Jesus Cristo sobre a morte, mas celebra também os sofrimentos, as dores, derrotas, e vitórias do povo, a esperança da concretização do Reino na vida humana (cf. CNBB, 2008, p. 3-18).

A Liturgia, com seu conjunto de sinais, palavras, ritos, símbolos, em seus diversos significados, requer da catequese uma iniciação gradativa e perseverante para ser compreendida e vivenciada. Os sinais litúrgicos são ao mesmo tempo anúncio, lembrança, promessa, pedido e realização, mas só por meio da palavra evangelizadora e catequética esses seus significados tornam-se claros. É tarefa fundamental da catequese iniciar eficazmente os catequizandos nos sinais litúrgicos e através deles introduzi-los no mistério pascal (cf. CNBB, 2006, p. 84).

Aquilo que não é celebrado não pode ser apreendido em sua profundidade e em seu significado para a vida. A catequese leva em conta essa expressão de fé para desenvolver também uma verdadeira educação para a ritualidade, a experiência simbólica, a sensibilidade celebrativa. Há, portanto, uma sintonia entre a fé, a celebração e a vida. O mistério de Jesus Cristo anunciado na catequese, isto é, o saber catequético, é assimilado e saboreado, através da ritualidade, do simbolismo, do ritmo que a Liturgia imprime, pelo seu caráter mistagógico. Portanto, o saber, é capaz de oferecer os elementos necessários para a compreensão daquilo que é celebrado e dar-lhe sentido e significado, o sabor.

> Por sua natureza simbólica, o rito mexe com os sentimentos, envolve a comunidade e se repete, fortalecendo o que já foi assumido. Traz uma preciosa experiência do belo, do sublime, do mistério de amor divino que tudo envolve. Por isso, é capaz de tocar o espírito da pessoa que está sendo iniciada. Símbolos e ritos realizam o encontro com Deus, ajudam a perceber a presença do mistério divino em todas as coisas (CNBB, 2017, p. 47).

A catequese tem uma tarefa de iniciação à vida litúrgica em três dimensões principais: *no plano da celebração*, a catequese inicia nos diversos ritos e formas de expressão (gestos, sinais, símbolos, cores litúrgicas); *no plano do mistério*, a catequese favorece e ilustra experiências bíblicas e eclesiais significadas pelos ritos (desbloqueio, dando sentido para a vida do Interlocutor); *no plano da existência*, a catequese deve educar na acolhida e missão, no agradecimento, na comunhão, na escuta, inclusive iniciando nas diversas formas de oração propostas nas celebrações sacramentais, tais como de intercessão, perdão, louvação (cf. ALBERICH, 2004, p. 317).

Há de se cuidar para que não haja somente preocupação com a transmissão de conteúdo na catequese, mas também se enfatize a dimensão celebrativa que corresponde ao saborear a presença e ação salvífica de Deus. A Liturgia tem mais a ver com sabor, com a experiência de sentir o toque de Deus na realidade humana, por isso, quanto menos explicações e comentários, mais o canal de comunicação por meio da linguagem simbólica, ritual, sonora, gestual será eficaz. É a experiência do mergulho da inteireza do ser no mistério celebrado.

Para tanto, é importante que a catequese favoreça momentos de celebração, em que haja interiorização, partilha e crescimento da fé a partir da vida. A catequese com celebrações vivenciais favorece uma compreensão e uma experiência sempre rica da Liturgia, conduz para uma leitura dos gestos e sinais, e educa a participação ativa nas celebrações dos sacramentos, para a contemplação e para o silêncio.

A catequese de iniciação para a liturgia deve observar alguns detalhes: atenção ao corpo como fonte de sentimento, experiência com o coração e as emoções (alegria, lágrimas, afeto, carinho), como também valorização da acolhida; a linguagem simbólica, sempre aberta às diversas interpretações, por isso não explicada; expressões, cores, posições, gestos, caminhadas, músicas rituais, danças, olhares, partilha: tudo como forma de comunicar o mistério e envolver o ser religioso no encontro com o Sublime.

É importante aqui valorizar o RICA[62] para um redescobrimento da inspiração catecumenal. Enquanto ritual litúrgico, apresenta diversas propostas celebrativas para os tempos e as etapas do processo de iniciação: celebrações que marcam passagens, crescimento, amadurecimento, identificação com o mistério celebrado.

> Tal inspiração no RICA levará o processo catequético a: integrar a comunidade; relacionar-se ao mistério pascal e ao ano litúrgico; unir a fé, liturgia, vida e oração; incluir etapas definidas, ritos, símbolos e sinais, especialmente bíblicos e litúrgicos; relacionar melhor os sacramentos do Batismo, da Crisma e da Eucaristia; e dialogar com a cultura local. De tal maneira que seja uma verdadeira 'escola de fé' (CNBB, 2017, p. 59).

Sem dúvida, é fundamental caminhar em vista da unidade cada vez mais profunda entre catequese e Liturgia, que expressam a identidade do ser cristão e integram os elementos essenciais da formação do discípulo, dando-lhe a autenticidade necessária para responder com alegria e disponibilidade à sua missão.

---

[62] RICA: *Ritual de Iniciação Cristã de Adultos.*

3. A mística e a Liturgia na vida e ministério do catequista

O catequista para o processo de iniciação, precisa ser alguém vocacionado, motivado e iniciado; cristão que tendo feito a experiência do encontro pessoal com Jesus Cristo, torna-se discípulo, e por isso, favorece com sua experiência a dos demais. É importante que o catequista seja uma pessoa que testemunhe sua fé na comunidade cristã e se deixe guiar pelo Espírito Santo, que é o protagonista da evangelização, consciente de que não atua sozinho; com maturidade e mística cristã ele testemunha com a vida o que anuncia e tem em Jesus Cristo um amigo com quem dialoga cotidianamente, com intimidade.

O perfil do catequista é um ideal a ser conquistado e, para isso, é importante que desenvolva as dimensões do ser, saber, saber fazer em comunidade[63]. O catequista dever SER pessoa equilibrada e madura, pessoa de espiritualidade e alegre no serviço ao Reino; pessoa integrada no seu tempo e identificada com sua gente, com abertura para relacionar-se e conviver em comunidade; pessoa de comunhão, com capacidade de discernimento e que busque cultivar sua formação. A mística do catequista é a base do seu ser.

Quanto ao SABER, o educador da fé precisa conhecer a Palavra de Deus e o núcleo de nossa fé; as propostas das ciências humanas, os documentos e ensinamentos da Igreja, a realidade local, os acontecimentos e festas da comunidade. Deve ser conhecedor experiente da Liturgia e da ação celebrativa; conhecedor de modalidades de oração para educar para a mística; conhecedor do Catecumenato e das propostas de inspiração catecumenal.

O SABER FAZER do catequista é marcado pela convivência, diálogo, amizade, partilha, educação, planejamento, dedicação, linguagem acessível e amorosa, que facilita e conduz seus interlocutores no caminho iniciático; educa na fé superando as improvisações e a boa vontade, por meio da tônica celebrativa, através de palavras, gestos, símbolos, sinais e ritos; evangeliza pelo fato de ser especialista em ternura, educando pelas atitudes de afeto, acolhida, compaixão e misericórdia.

O ser, saber, saber fazer exige do catequista hoje o SABER CONVIVER e o SABER CELEBRAR. O catequista para iniciar na fé precisa SABER CONVIVER, trabalhar em comunhão com a comunidade, no grupo de catequistas, com seu grupo de catequizandos e com sua família; precisa desenvolver a mentalidade de evangelizar em pequenos grupos, dialogar sempre e estar atento às dúvidas que emergem durante o encontro. Saber ouvir, saber educar para a comunhão e participação.

---

63 As competências do catequista: ser, saber e saber fazer, podem ser encontradas também em outras fontes de pesquisa: ALBERICH, 2004, p. 348-351; DGC, 1998, p. 239-46; DNC, p. 154-158.

No tocante ao SABER CELEBRAR, o catequista precisa ser experiente em Liturgia, gostar de celebrar, saborear a Missa com alegria; precisa conhecer o valor, a profundidade, os elementos centrais da Missa e demais sacramentos. Sua referência de mística é a Vigília Pascal e forma os interlocutores para vivenciar bem a celebração eucarística, porque nela celebramos todo o mistério e fundamento da fé, motivo de esperança e transformação da realidade. Ao celebrar tal momento, compreende-se na ritualidade, na simbologia e na sacramentalidade, a passagem para uma vida nova, o compromisso em ser fermento na massa, a incorporação em uma comunidade e a revelação divina que quer vida em abundância para todos. Na celebração eucarística experimentamos a prefiguração do Reino na dinâmica fecunda do "fazer memória", antecipando as "faíscas" da comunhão perene com o Deus amor.

O catequista, místico e mistagogo, é essencial para que o processo iniciático aconteça: ele é convidado a conduzir seus interlocutores para o mergulho na experiência de fé, rendendo-se de forma profunda diante do mistério escondido no Pai, revelado em Jesus Cristo por seu Espírito, que celebramos na Liturgia. O educador para fé precisa despertar a convicção pela autenticidade cristã e o discipulado, por isso, o tom celebrativo, com a força da Liturgia, ajuda a alimentar e nutrir a espiritualidade necessária para o cristão hoje. Como pedagogo e mistagogo, ele deve cuidar por não catequizar por demais a cabeça e pouco o coração, sendo desafiado a propor o caminho experiencial e de transformação pessoal, isto é, conversão (CARMO, 2010, p. 53-54)

Assim, a grandeza do catequista está na sua missão iniciática: ele ajuda a construir o edifício espiritual, doutrinal, celebrativo-sacramental, comunitário e missionário do catequizando; é o alicerce que precisa estar sólido para manter o edifício sempre de pé. Em Jesus Cristo, ponto de referência do catequista, encontra-se três características centrais que marcam a vida de um mistagogo: a presença do Deus revelado entre nós, a pedagogia com a qual conduz e acompanha o iniciante, e a experiência mística.

> O novo catequista procurará desenvolver um projeto de formação permanente e global suscitando a conversão e o crescimento na fé. Itinerário sistemático e orgânico com a finalidade de educar à maturidade na fé e a transmissão da mensagem cristã. Esta mensagem deverá ser gradual focalizando sempre no essencial, a pessoa e os ensinamentos de Jesus Cristo, favorecendo a dinâmica do encontro e do discipulado. É importante acentuar também a capacidade do catequista em transmitir aos outros suas experiências de vida cristã (SANTOS, 2009, p. 9).

A Igreja precisa esforçar-se em preparar os catequistas para exercer com esmero este grande ministério. Não basta dar-lhe inúmeros materiais ou subsídios, sem que haja uma adequada formação, inclusive prática, com oficinas, propostas de trabalho, avaliações do próprio agir evangelizador. Pensando nisso, passemos a uma simples descrição do Catecumenato, com alguns elementos de Liturgia para ajudar a compreender o significado de inspiração catecumenal.

4. Catecumenato, Liturgia e inspiração catecumenal

A estrutura do Catecumenato foi elaborada pelos Santos Padres. É um caminho que leva em conta aquilo que é indispensável para se mergulhar no mistério de Cristo, saber (Palavra de Deus) e saborear (Liturgia), começar a fazer parte da comunidade cristã e comprometer-se com a missão salvífica de Jesus Cristo. Podemos pensar a Comunidade cristã como uma casa, a *Casa da IVC*. Quando vamos para aquela casa é porque o modo de vida de seus moradores chamou a nossa atenção. Chegamos, chamamos e alguém vem nos acolher, com um sorriso, um abraço, sentamos no alpendre e vamos falar da nossa vida e de como Deus se faz presente na nossa história. É o *primeiro Tempo, o Pré-catecumenato*, tempo do anúncio querigmático de Jesus Cristo, o Filho de Deus que, por amor, vem morar no meio de nós para nos ensinar o caminho que nos leva ao Pai.

Se nos sentimos bem acolhidos e este anúncio fez eco em nossos corações, pedimos para entrar. Essa entrada não é feita de qualquer jeito, é preciso celebrar esta entrada, pois o lugar que estamos pisando é território sagrado. É a *primeira Etapa: a Celebração de Admissão ao Catecumenato*, que conta com gestos como assinalação dos sentidos; com a entrega da Sagrada Escritura; com o simbolismo de ser acolhido na comunidade cristã a partir do ingresso na igreja.

Entra-se na sala da casa, aqui nos sentamos, pois é o tempo de aprofundar no conhecimento de Jesus Cristo e da sua comunidade a Igreja. É o *segundo Tempo*: o *Catecumenato propriamente dito, a catequese*, que é um tempo longo e fecundo, pois é grande o tesouro da nossa fé. É tempo de entrosamento, vivência cristã, conversão. É tempo de saborear as verdades da fé, intensificando as bênçãos, celebrações de entrega do depósito da fé. Quando o coração se abrasar por Aquele que caminha conosco, pediremos para receber os sacramentos da Iniciação Cristã, o Batismo, a Crisma e a Eucaristia. Esta passagem é chamada de segunda Etapa com o Rito de Eleição. Celebra-se a inscrição do nome, o perdão dos pecados (exorcismos), a eleição para vivenciar os sacramentos na Vigília Pascal e o catequista, conhecedor da Liturgia, começa com os eleitos o retiro quaresmal.

O *terceiro Tempo do Catecumenato*, tempo de *purificação e iluminação*, acontece no tempo da quaresma é marcado por vários ritos de escrutínios. No sábado Santo, pela manhã, celebra-se a unção dos catecúmenos, escolha do nome cristão, rito do Éfata. Estamos na cozinha, local da refeição e da intimidade, da festa. Na Vigília Pascal os eleitos celebram o Batismo, a Crisma e a Eucaristia.

No processo catecumenal *a Mistagogia* corresponde ao último tempo da iniciação, que acontece durante o tempo pascal e tem como objetivo *aprofundar os mistérios celebrados na Vigília Pascal*. É Tempo de saborear o encontro com Senhor, sentir de perto os efeitos da vida cristã, vivenciar profundamente os ritos e gestos, a presença de Cristo nos sinais litúrgicos. Assim, aquele que fez a experiência do Emanuel assume o mandato: ide anunciar! (cf. Mateus 28,19). Quando fazemos a experiência catecumenal, de uma comunidade como casa da IVC, naturalmente somos impelidos a sair para anunciar que Jesus é o Rosto Misericordioso do Pai que nos mostra como construir um mundo mais justo e fraterno onde "todos tenham vida e vida em abundância" (Jo 10,10). É a Igreja em saída para testemunhar a alegria do encontro com Cristo.

A experiência de fé, a vivência litúrgica e a mística são instrumentos eficazes para que o catequista desenvolva um fecundo processo iniciático. Um catequista consciente de sua vocação, de seu compromisso ministerial, da necessidade da formação permanente, das dimensões pedagógicas e mistagógicas na sua prática, é ponto de partida acertado para uma catequese frutuosa, ventre fecundo de autenticidade cristã e caminho eficaz para o discipulado.

5. A Liturgia e a mistagogia nos encontros de Catequese

A catequese é iniciação ao seguimento de Cristo e à pertença à comunidade dos seguidores, a Igreja; tem como meta essencial a educação para a vivência de fé, capacitando a pessoa a ver, sentir e agir como Cristo, amadurecendo e aprofundando a conversão. A catequese é, também, ministério da Palavra e suas características concretas são: a iniciação (à vida cristã), a fundamentação (coluna da vida de fé), e o aprofundamento (interioriza a vida cristã).

O encontro de catequese deve ser momento de experiência, que exprime, em seu sentido mais geral, um contato direto com o próprio Deus, com metodologia iniciática e processual, alargando e enriquecendo o modo de pensar, ver e sentir a si mesmo, os outros, a realidade e o próprio Deus. Nesse processo, a Liturgia como celebração da vida cristã, a mística como expressão de um encontro com Cristo e a mistagogia, como metodologia de inserir no mistério, são fundamentais para se cumprir a missão de iniciar na vida cristã.

Para tanto, é importante que a catequese eduque e impulsione para celebrar, favorecendo momentos em que haja interiorização, partilha e crescimento da fé a partir da vida, da convivência e da intimidade com Deus. A catequese, assumindo a dimensão mistagógico-celebrativa é educativa, carregada de momentos fortes de oração, bênçãos, expressões gestuais, fazendo o confronto pessoal e comunitário com a realidade, com a fé, com a vida e da vida com a fé. Com celebrações vivenciais, o processo iniciático favorece uma compreensão e uma experiência sempre mais rica da Liturgia.

Na dimensão simbólica, a grande tarefa que se impõe é proporcionar uma catequese experiencial dos sinais e símbolos, todos com enraizamento antropológico e bíblico. Os símbolos, fecundados por significações espirituais, são instrumentos privilegiados da comunicação divina no encontro de catequese. Sendo elementos da vida humana, colhidos na realidade natural, são pontes de relação entre o humano e o divino. Pois, os símbolos expressam de forma especial o mistério, que nem as explicações racionais nem mesmo as expressões poéticas podem exprimir em plenitude (cf. BOGAZ, 2001, p. 7-8).

O *simbolismo* pode ser escolhido e celebrado no encontro de Catequese em quatro características: a partir do texto bíblico: necessita ser concreto e real (não artificial); enraizado na cultura; com a ajuda do texto bíblico: destacar a realidade salvífica que tal símbolo produz; revelar o significado e o efeito do símbolo na celebração litúrgica; apresentar o estilo cristão ou testemunho de vida que tal símbolo inspira, levando ao compromisso (cf. LELO, 2009, p. 18-9).

Os *gestos* levam-nos para um mundo diferente, formam um conjunto de significados com uma linguagem profunda e peculiar, além de evangelizadora e educativa. Um elemento sozinho diz muito pouco, mas se associado à Palavra e a experiência do grupo, produz uma rede de sentidos que põe os interlocutores em contato com o projeto do Reino de Deus e a presença do Espírito.

No encontro de catequese, gestos como abençoar, tocar, sorrir, olhar, abraçar, acender o Círio ou a vela, ouvir atentamente, estender as mãos, traçar o sinal da cruz, sentar-se, ficar de pé, reunir-se ao redor da Mesa da Palavra, beijar ou reverenciar a Bíblia, ser aspergido com água..., comunica, por meio da linguagem intuitiva e afetiva, poética e gratuita a presença divina; introduzem na comunhão com o mistério e fazem com que o interlocutor mais do que entender, experimente (cf. LELO, 2009, p.16-8).

No tocante *à musicalidade*, é preciso que a canção ou refrão meditativo escolhido para o encontro, favoreça o diálogo e a comunhão com Deus e à participação no mistério revelado em Jesus. Portanto, a musicalidade, em consonância com os demais elementos do encontro, expressa o convite a celebrar os mistérios de Cristo e dele participar de forma poética e envolvente; é um convite a ser tocado, por meio de um caminho rico, pela presença divina que impulsiona a dar sentido de fé ao momento celebrado (BUYST, 2008, p. 7-15).

É preciso superar *a frieza dos espaços* onde acontecem a catequese: ainda são pouco acolhedores, sem sinais que favoreçam a mística, a espiritualidade e o processo de iniciação a fé. São como sala de aula, ambientes com única cor, quadro negro, giz, carteiras e a mesa do professor. Os trabalhinhos são expostos no varal que fica na sala de catequese, para destacar como a turminha se dedica às tarefas do encontro. Muitas vezes não há nada que diferencie o momento catequético do momento escolar; não há nada que caracterize o encontro, porque a preocupação é de transmitir um conteúdo.

O Papa Francisco destaca que o encontro de catequese precisa de uma "ambientação adequada e de uma motivação atraente, do uso de símbolos eloquentes..." (EG, 2013, 166), destacando a "via da beleza" como um instrumento de evangelização. O belo comunica uma alegria profunda, chega ao coração do homem e faz resplandecer a verdade e a bondade do ressuscitado. Somos atraídos pela beleza, por isso os catequistas precisam cuidar bem do local do encontro de catequese, para assim serem "guardiões do bem e da beleza que resplandece em uma vida fiel ao Evangelho" (cf. EG, 2013, p. 167-168).

É preciso superar a ideia de reduzir a vida sacramental à formatura da catequese do fim do ano. Assim, tendo feito a "formatura", já não é mais preciso participar, porque não se cria vínculos com a comunidade, não se ama celebrar a fé aos domingos, porque não se trabalha a partir da realidade; assim gerando uma espécie de fé mal professada, às vezes piedosíssima ou até indiferente.

É importante realizar encontros celebrativos; apresentar a riqueza litúrgica aos catequizandos, para que compreendam e se apaixonem pelo Senhor, desbloquear os ritos, trazendo os textos rituais para o encontro de catequese; valorizar os tempos e festas litúrgicas, como também as cores e o sentido do mistério celebrado; realizar as celebrações de entregas e ritos de passagem propostos pelo RICA, marcando de maneira celebrativa a vida de quem está sendo iniciado.

Conclusão: a iniciação é caminho...

Já diziam os antigos padres: os cristãos não nascem, se fazem e para tornar-se o que se pretende ser é preciso seguir um caminho, passar por processos iniciáticos que se desenvolvem além de ideias e conceitos, visando a resposta e acolhida de um projeto. É preciso iniciar para a Liturgia, para o celebrar, para participar, para viver a fé cristã perpassada pela presença e pelo toque de Deus.

A iniciação não pode ser reduzida a transmissão de normas, valores, símbolos, doutrinas e comportamentos, mas deve situar a pessoa num papel social inteiramente novo, porque configurada a Cristo, continuamente desenvolve a mística do discipulado, do serviço e da missão. Enquanto processo de formação, a iniciação objetiva o amadurecimento e a adesão em que a pessoa vai, aos poucos, por um itinerário mistagógico-catequético-sacramental, identificando-se com Cristo e com seu mistério pascal, aderindo à fé, experimentando a graça divina por meio dos sacramentos e de da inserção na comunidade.

A inspiração catecumenal, no tocante a Liturgia, precisa ser assumida como o caminho para a catequese hoje, que dentro do contexto de mudança de época, toma rumos menos conceituais ou somente doutrinais, para assumir uma dimensão vivencial, pessoal e comunitária, celebrativa e comprometedora, que tenha como consequência o seguimento a Jesus.

O processo de iniciação, vivenciado nos primórdios da vida da Igreja e sua metodologia como caminho progressivo, é ainda hoje o que se tem de mais profundo e completo para a IVC. É um caminho sempre marcado por tempos fortes de aprofundamento e celebrações comunitárias, por uma forma personalizada de evangelizar e ser evangelizado, que respeita o ritmo do candidato a ser cristão e suas respostas.

A iniciação cristã é desafio que deve ser encarado com decisão, coragem e criatividade. Assim, os processos catequéticos precisam recuperar a metodologia catecumenal e assumir como objetivo essencial a formação de discípulos autênticos. Para isso, é importante elaborar encontros de catequese iniciáticos e, neste sentido, se faz urgente formar catequistas para a visão processual da IVC.

A catequese, assumindo a transformação em curso e a educação para uma fé engajada, está a serviço da IVC, que tem como o objetivo formar verdadeiros discipulado missionários de Jesus Cristo. Sendo iniciado na fé, contagiado pela ação celebrativa, envolvido por uma comunidade consciente e comprometida, o indivíduo encontra sentido para ser discípulo. Como tal, ouve o Mestre com disposição de segui-lo e fazer o que ele manda, e é contagiado por um grupo de pessoas felizes por servir e dar à realidade um perfil cristão. O processo do discipulado engendra a missão, a inquietude de apresentar o rosto de Cristo ao mundo e sanar as feridas causadas pela mentira, pela injustiça, pelo desamor, pelo ódio, pela vingança e pelo mal.

A Iniciação à Vida Cristã é o caminho...

6

Comunidade e Catecumenato: mútua contribuição

Roberto Nentwig*

---

* **Roberto Nentwig** é presbítero da Arquidiocese de Curitiba. Trabalha como reitor do Seminário Filosófico Bom Pastor e diretor do Instituto Discípulos de Emaús. Está inserido na pastoral catequética da mesma arquidiocese, atuando sobretudo na formação de catequistas. É Doutor em Teologia pela PUC-Rio e atua como professor no âmbito universitário e laical nas áreas da catequética, pastoral e teologia sistemática. É membro da Sociedade Brasileira dos Catequetas (SBCat).

Introdução

Quem nasceu primeiro: a catequese ou a comunidade? A catequese conduz a comunidade e a comunidade é quem catequiza, de modo que uma não vive sem a outra. O mesmo princípio enunciado por Henri De Lubac[64] para realçar o caráter eclesial da Eucaristia[65], aplica-se aqui: *a catequese faz a Igreja e a Igreja faz a catequese*. A Igreja, desde as suas origens, vive do mandato missionário de Jesus que a impele a proclamar a Palavra, batizando e ensinando os povos a serem discípulos dele (cf. Mt 28,19-20) e ao ser anunciadora, enriquece-se com a acolhida de novos membros. Deste modo, podemos afirmar que nasceram simultaneamente a Igreja e o anúncio, a comunidade e a catequese.

Entendendo a catequese à serviço do processo iniciático, identificamos uma *via de mão dupla* entre comunidade e IVC no âmbito da missão. Por um lado, a IVC acontece no seio de uma comunidade, colaborando para que a mesma seja decididamente missionária. Por outro lado, a comunidade, quando organizada e consciente de sua missão, contribui com eficácia para que haja verdadeiro processo de Iniciação de inspiração catecumenal.[66]

> A estreita relação entre o itinerário catecumenal e a comunidade eclesial se manifesta em dois momentos que se complementam e se alimentam mutuamente: primeiro, a iniciação encontra na comunidade eclesial seu ambiente próprio; ela é atmosfera na qual o discípulo missionário de Jesus nasce e se fortalece. Em segundo lugar, a comunidade é também a meta a ser atingida pela iniciação. O itinerário catecumenal educa para a vida de fé na comunidade, alimenta-a e renova. A comunidade é ajudada pelo itinerário catecumenal para crescer na fé e, ao mesmo tempo, exerce a 'função maternal' de gerar novos filhos.[67]

Este capítulo tem o objetivo de mostrar esta relação de mútua contribuição entre comunidade paroquial e IVC. Inicialmente, de um modo breve, deixaremos evidente

---

64 Henri-Marie de Lubac (1896-1991): teólogo, jesuíta, cardeal francês desde 1983, teve importante influência no Concílio Vaticano II, tendo participado do evento como perito. Desde de 1929 lecionou na faculdade de teologia da Universidade de Lyon-Fourviere. Fundou em 1972, junto com os teólogos **Hans Urs von Balthasar** e **Joseph Ratzinger**, a revista *Communio*, para dar uma resposta positiva à crise teológica e cultural que despontou após o **Segundo Concílio do Vaticano**.

65 "A Eucaristia faz a Igreja, a Igreja faz a Eucaristia" (ALBERICH, E. *Catequese evangelizadora:* manual de catequética fundamental. São Paulo: Salesiana, 2004, p. 203).

66 Para uma abordagem mais completa do tema, cf. NENTWIG, R. *Iniciação à Comunidade Cristã:* a relação entre a comunidade evangelizadora e o catecumenato de adultos. São Paulo: Paulinas, 2013. Também, na mesma linha, cf. REINERT, J. F. Paróquia e iniciação cristã: a interdependência entre renovação paroquial e mistagogia catecumenal. São Paulo: Paulus, 2015.

67 CNBB. *Iniciação à Vida Cristã* (Doc. 107). Brasília: CNBB, 2017, n. 111.

que tipo de comunidade almejamos. Depois, traremos alguns fundamentos desta *via de mão dupla* acima anunciada. Por fim, nos dois últimos itens, apresentaremos algumas pistas concretas para que comunidade paroquial e Catecumenato se fortaleçam mutuamente, a partir de uma pastoral orgânica. Trataremos do Itinerário catecumenal para os adultos, embora as pistas aqui apresentadas possam também ser inspiradoras para os demais âmbitos da Iniciação a Vida Cristã.

1. Qual é a comunidade paroquial que desejamos?

É certo que não podemos ser cristãos sem adesão a uma vida de comunidade. A revelação nos esclarece que Deus propõe a salvação a uma comunidade, não a pessoas individuais. O sonho divino é a humanidade como um povo redimido que é sinal de comunhão entre os outros povos, até que alcance a sua plenitude, como afirma o Concílio Vaticano II:

> (...) aprouve a Deus salvar e santificar os homens, não individualmente, excluída qualquer ligação entre eles, mas constituindo-os em povo que O conhecesse na verdade e O servisse santamente.[68]

Aderir a Cristo não é aprender uma verdade teórica, nem mesmo uma experiência intimista restrita ao âmbito privado, mas seguir um programa de vida que convida a um novo modo de existir, efetivado no engajamento na construção do Reino de Deus.

> Uma tal adesão, que não pode permanecer abstrata e desencarnada, manifesta-se concretamente por uma entrada visível numa comunidade de fiéis.[69]

Contudo, em nosso tempo, participar de uma comunidade não é algo tão fácil, pois vivemos mergulhados em uma cultura individualista. A busca religiosa é mais intimista, valorizando mais a experiência pessoal. E o que a religião pode oferecer para proporcionar bem-estar ao indivíduo e à sua família: o alívio emocional e as graças que se pode alcançar por meio de preces e ritos. Sem dúvida, neste cenário, a catequese de a serviço da IVC terá como um dos seus principais desafios fazer com que cada catequizando faça sua adesão a uma comunidade de fé.

Os desafios para a vida comunitária não vêm apenas de fora, ou seja, somente da cultura individualista. Os limites das estruturas eclesiais, sobretudo nas paróquias,

---

[68] LG n. 9.
[69] EN n. 23.

muitas vezes dificultam a vivência cristã e a inserção comunitária de um modo satisfatório.[70] Hoje se fala da renovação paroquial, de modo que esta estrutura milenar possa ser reinventada a partir de uma reflexão sobre suas ambiguidades. Nesta linha, antes de tratar da relação entre comunidade e IVC, devemos deixar claro de que comunidade estamos falando e qual é o horizonte ideal que deve nortear a ação paroquial. Entre as várias características de uma comunidade que seja verdadeiramente evangelizadora, alguns pontos nos parecem importantes. Urge uma comunidade missionária, servidora do mundo e inserida numa rede de comunidades.

a) Paróquia missionária. É preciso que nossas paróquias deixem-se renovar, realizando uma conversão pastoral. Não se pode manter uma prática evangelizadora reduzida a devoções fragmentadas, participação ocasional em alguns sacramentos, repetição de princípios doutrinais e morais.[71] O Papa Francisco nos pede uma "Igreja em saída", uma comunidade de discípulos missionários que tomam a iniciativa ("primeireiam"), que se envolvem, acompanham, frutificam e festejam.[72] Para que se realize tal intento, a Igreja deve se colocar em estado permanente de missão,[73] passando de uma pastoral meramente conservadora para uma pastoral decididamente missionária.

> Assim será possível que 'o único programa do Evangelho continue introduzindo-se na história de cada comunidade eclesial' com novo ardor missionário, fazendo com que a Igreja se manifeste como mãe que vai ao encontro, uma casa acolhedora, uma escola permanente de comunhão missionária.[74]

b) Paróquia a serviço do Reino no mundo. O Papa João XXIII ao convocar o Concílio Vaticano II, pediu uma atitude de conversão à Igreja, apontando para uma missão redentora para toda a humanidade. Esta postura da Igreja de inserir-se na realidade, de ir ao encontro, com consciência histórica e contemporânea foi chamada de *aggiornamento*. Portanto, há décadas, a Igreja se abriu ao mundo como campo de missão. Por isso, as paróquias não devem ser meras receptoras das pessoas que vêm em busca dos sacramentos, mas a Igreja vai ao mundo, consciente de que sua missão é estar a serviço, como sinal do Reino de Deus.

A Igreja não deve pretender trazer o mundo para si, absorvendo o mundo para dentro de si mesma, mas ir ao mundo com a humildade da consciência de sua missão de ser semeadora dos sinais do Reino. Esta postura humilde foi declarada no Concílio Vati-

---

70 Cf. CC n. 29.
71 Cf. DAp n. 12.
72 Cf. EG n. 24.
73 Cf. DAp n. 213.
74 DAp n. 370.

cano II, quando afirma que a Igreja não ignora as dimensões formidáveis da sua missão; conhece a desproporção estatística dos seus membros com a totalidade dos habitantes da terra; conhece o limite das suas forças; conhece até as suas fraquezas humanas, os seus erros; sabe também que a aceitação do Evangelho não depende, em última análise, de algum esforço apostólico seu, de alguma circunstância favorável de ordem temporal. A fé é dom de Deus, e só Deus marca no mundo os caminhos e as horas da salvação. Mas ela sabe, por outro lado, que é semente, fermento, sal e luz do mundo.[75]

c) Paróquia: comunidade de comunidades. Para falar de suas comunidades, São Paulo usa o plural *ekklesia* (cf. Ts 2,14; Gl 1,22; 1Cor 11,16; 2Ts 1,4; Rm 16,4), indicando que este povo está sempre localizado em uma igreja, ou seja, em uma comunidade (Corinto, Tessalônica, Éfeso). Tratava-se de igrejas domésticas (*domus eclesiae*), tendo a casa como a estrutura básica: o apóstolo fundava pequenas comunidades em suas viagens missionárias. Na falta de estruturas, utilizava-se da casa de um dos membros para as reuniões (geralmente um líder como Filemon, Priscila, Áquila). As igrejas domésticas fundadas por Paulo eram *pequenas comunidades*, com poucas dezenas de pessoas.[76]

O modelo de comunidades domésticas do Novo Testamento nos inspira para que tenhamos comunidades de *tamanho humano*: comunidades pequenas, afetivas e acolhedoras, onde as pessoas se conhecem e partilham suas vidas, são reconhecidas como indivíduos, como pessoas. As comunidades já existentes precisam de um auto-questionamento para verificar se, de fato, proporcionam uma experiência verdadeiramente comunitária. É urgente repensarmos as suas dimensões (tamanho) e a sua estrutura para que desenvolvam forte sentido de pertença eclesial.

Nos últimos tempos, têm-se propagado o modelo de rede de comunidades para a renovação das paróquias, principalmente aquelas que estão inseridas em contexto urbano. A paróquia, comunidade de comunidades, é descentralizada, criando-se comunidades com autonomia pastoral e administrativa, contudo, ligadas ao centro, que funciona como polo de unidade. Popularmente, muitas comunidades estão se organizando em pequenos grupos, sem perder a referência à comunidade maior e à matriz paroquial. A paróquia, assumindo a condição de comunidade de comunidades, implementa a sua missionariedade ao superar a burocracia e a sacramentalização e ao repensar os critérios de territorialidade.[77]

---

75 GS n. 53.
76 Cf. ALMEIDA, A. J. *Paróquia, comunidades e pastoral urbana.* São Paulo: Paulinas, 2009, p. 28-36.
77 Sobre o tema rede de comunidades, conferir o documento da CNBB *Comunidade de comunidades: uma nova paróquia* – a conversão pastoral da paróquia, principalmente os n. 244-256.

2. A relação entre Comunidade eclesial e Iniciação à Vida Cristã

2.1 Iniciação à Vida Cristã a serviço da Comunidade

São muitas as estratégias que buscam renovar a comunidade de modo que ela se torne verdadeiramente evangelizadora, contendo as características que enunciamos no item anterior. Entre os caminhos diversos, certamente o processo catecumenal merece destaque. Nossa tese é que o processo de IVC, com todos os itinerários que comportam as diversas idades e situações, é uma ação indispensável para a renovação da comunidade.

> Uma comunidade que assume a iniciação cristã renova a sua vida comunitária e desperta seu caráter missionário.[78]

Assim sendo, a IVC pode ser definida como um processo gradual de fé realizado pelo convertido, com a ajuda de uma comunidade de fiéis, para tornar-se membro da mesma por meio dos sacramentos de entrada e a força do Espírito de Jesus Cristo.[79]

Ou seja, a IVC tem como objetivo inserir novos irmãos no coração da comunidade, indo além de sua conversão íntima. Este novo membro acolhe valores, normas e atitudes já compartilhados por um grupo, passa a participar da Comunidade e assume, com ela, a missão evangelizadora.

O Catecumenato é um tempo de inserção no seio da vida da comunidade eclesial; é um itinerário pessoal e comunitário: pessoal, pois há a adesão individual e e o seguimento de um percurso que muda a vida da pessoa; comunitário, porque a pessoa abraça a vida de uma comunidade de fiéis que ouve a Palavra, questiona-se, amadurece a própria fé, está em processo de conversão, reconhece-se na comunhão (sentido de pertença), celebra a Liturgia e dá testemunho na sociedade. O processo de IVC não é uma instrução doutrinal, pois proporciona uma série de experiências de vida cristã, que levam o catequizando ao seguimento e à inserção gradativa na vida da comunidade, identificando-se como pertencente ao conjunto dos fiéis que se reconhecem numa fraternidade de filhos e filhas do mesmo Pai e assumindo sua missão.

---

78 DAp n. 291.
79 Cf. FLORISTÁN, C. *Catecumenato. História e pastoral da iniciação*. Petrópolis: Vozes, 1995, p. 26.

Este acolhimento, nota característica do processo catecumenal, enriquece a identidade da Igreja em sua missão de gerar novos filhos em seu seio, como *comunidade mistagógica e materna*: como mãe, tendo como modelo Maria, a Igreja cria condições para a vida nova de seus filhos e acolhe as diversidades (étnicas, sociais e culturais), de modo carinhoso; cria também ministérios e serviços que dinamizam a *comunidade evangelizadora*.[80]

A IVC enriquece a comunidade pelo ministério da Palavra. De fato, o termo *catecúmeno* designa a pessoa que deixa ecoar a Palavra de Deus dentro de si. O termo *catequese* designa a ação de fazer ecoar a Palavra nos corações. Sem a *Palavra* não há Igreja, pois é ela que convoca e congrega todos os seus fiéis constituindo a *ekklesia* = assembleia dos chamados, convocados. Deste modo, a inspiração catecumenal ajuda a Igreja a viver a partir de sua natureza originária: *ser Igreja querigmática (anunciadora da verdade fundamental manifestada em Cristo) e missionária*.[81]

Por fim, a IVC edifica a Igreja pela Liturgia. O itinerário celebrativo que acompanha o processo iniciático expressa o ingresso gradativo na Igreja: os ritos de acolhida, a inscrição do nome, as entregas dos símbolos (Credo, Pai Nosso), a imersão nas águas batismais, a unção com óleo do crisma e o sentar-se à mesa da família (mesa eucarística) tornam evidente a vinculação eclesial dos catequizandos (ou catecúmenos). Nossos itinerários precisam deixar evidente a unidade existente entre os três sacramentos da iniciação cristã, como bem tem orientado a reflexão teológica recente e o magistério da Igreja.[82] O documento número 107 da CNBB, seguindo o que já havia assinalado pelas reflexões do Sínodo sobre *a nova evangelização para a transmissão da fé cristã*, propõe a reflexão sobre a revisão da ordem dos sacramentos da iniciação, de modo que a Eucaristia se torne o sacramento que culmina o processo iniciático.[83]

---

80 Cf. CNBB. *Iniciação à Vida Cristã* [Doc. 107], n. 112-115. A Igreja: uma comunidade mistagógica e materna.

81 CNBB. *Iniciação à Vida Cristã. Doc.* n. 107. Cf. também no mesmo documento: n. 107-111, item 3.3.1: A Igreja: uma comunidade querigmática e missionária.

82 Os três sacramentos celebrados conjuntamente marcam o ingresso à Igreja. O Batismo é o sacramento que torna as pessoas pertencentes à Igreja: a Igreja é a mãe que acolhe sempre novos filhos em seu seio (cf. Gl 4,26). O Sacramento da Confirmação faz com que os fiéis se unam mais perfeitamente a Igreja (cf. LG n. 11). E o sacramento da Eucaristia é o vínculo de comunhão dos fiéis que, embora muitos, participam de um mesmo e único pão (cf. 1Cor 10,17). Todos os cristãos fortalecem a sua unidade pela mesa eucarística. A unidade iniciada pelo Batismo é constantemente alimentada pela Eucaristia, que contém todo bem espiritual da Igreja – o próprio Cristo, nossa Páscoa, faz com que todos os fiéis se unam ao mistério de Cristo e faz com que aconteça a comunhão pelo Espírito. Sobre a unidade dos sacramentos da iniciação, cf. CNBB. *Iniciação à Vida Cristã. Itinerário para formar discípulos missionários*, n. 123-133; OÑATIBIA, I. *Batismo e Confirmação: sacramentos de iniciação*. São Paulo: Paulinas, 2007, p. 164-167.

83 Cf. CNBB. *Iniciação à Vida Cristã. Itinerário para formar discípulos missionários*, n. 240-243; SC n. 18.

2.2 Comunidade à serviço da Iniciação à Vida Cristã

Se o processo de IVC fortalece a comunidade é também verdade que, sem a comunidade, não pode haver uma verdadeira iniciação. É a comunidade de fiéis que tem a capacidade de acolher novos filhos, pois a vida cristã não desabrocha e não tem sua continuidade se faltam o testemunho, a formação e o sustento espiritual compartilhado com os demais crentes.

A catequese, entendida como parte integrante da IVC, é uma ação eclesial.

> O verdadeiro sujeito da catequese é a Igreja que, continuadora da missão de Jesus Mestre e animada pelo Espírito, é convidada a ser mestra da fé. [...] Essa transmissão do Evangelho é um ato vivo de tradição eclesial.[84]

A comunidade exerce a função de educar na fé e, por isso, é chamada de *comunidade catequizadora*.[85] De fato, o que foi anunciado no Documento "Catequese Renovada" pode ser bem melhor compreendido e concretizado pela clareza que temos, atualmente, de uma catequese que se insere dentro de um processo de IVC de inspiração catecumenal[86] e que está a seu serviço.

O lugar normal da catequese é a comunidade eclesial, pois, pelo testemunho de uma comunidade, não há apenas o ensinamento de uma teoria, mas uma catequese viva[87] que se transforma em caminho para a edificação dela própria, fazendo da comunidade *o verdadeiro audiovisual da catequese*.[88]

No caso do Catecumenato de adultos, o papel da comunidade é ainda mais evidente. A comunidade verdadeiramente cristã tem uma matriz catecumenal. O RICA deixa evidente o papel catecumenal da comunidade. É ela que acolhe, acompanha, avalia, admite, anuncia e celebra a salvação oferecida por Deus em Cristo a cada um dos candidatos. Também é colocado em relevo seu caráter ministerial, ao admitir uma série de serviços de iniciação que revela a pluralidade compartilhada da responsabilidade pastoral da iniciação.[89]

---

84 DGC n. 78.

85 CR parte 4.

86 CR faz uma relação entre os três elementos fundamentais: catequizando, a caminhada da comunidade e a mensagem evangélica. Quando não existe uma comunidade, os catequistas ajudarão a construí-la (Cf. CR n. 155; 185; 311-316; DNC n. 52).

87 Cf. DGC n. 141.

88 DNC n. 52.

89 FLORISTÁN, C. *Catecumenato: história e pastoral da iniciação*, p. 170.

A diversidade ministerial do processo catecumenal torna ainda mais evidente o papel da comunidade.[90] É preciso resgatar esta intuição da igreja primitiva que foi perdida ao longo dos séculos. No Catecumenato primitivo muitas eram as tarefas e os serviços. Posteriormente, a catequese foi reduzida à instrução e a responsabilidade catequética foi entregue a um único personagem – o catequista. Evidentemente que um catequista isolado com sua turma não será expressão de uma comunidade catequizadora. Por isso, vários agentes devem se sentir responsáveis, como acontece no Catecumenato de adultos:

> O Catecumenato batismal é responsabilidade de toda a comunidade cristã. De fato, tal iniciação cristã não deve ser apenas obra dos catequistas e dos sacerdotes, mas de toda a comunidade de fiéis e, sobretudo dos padrinhos. A instituição catecumenal incrementa assim, na Igreja, a consciência da maternidade espiritual que ela exerce em toda forma de educação na fé.[91]

O sujeito da catequese é a comunidade eclesial, continuadora da missão do Senhor, animada pelo Espírito Santo. Tal natureza eclesial coloca a comunidade como pré-requisito fundamental para a IVC. Sem uma comunidade eclesial não há iniciação de cristãos. Mas, do mesmo modo, a comunidade se beneficia da IVC, por torná-la mais sólida e missionária. Veremos, a seguir, como tal relação se realiza de modo concreto no Catecumenato de adultos, tendo em vista o incremento da comunidade paroquial.

3. Pistas para o fortalecimento da relação entre Catecumenato e comunidade paroquial

A catequese, já o dissemos, não é mera instrução na fé. Também não se concebe mais o ato catequético como limitado ao momento do encontro ou ainda como mero estudo de temas. Segundo Alberich,[92] a catequese deve ser planejada dentro de um modelo global, ou seja, deve estar estruturada por vários fatores que se unem: Palavra, celebração, ação e relações; todos eles juntos constituem e fortalecem os vínculos afetivos e fraternos de uma comunidade.

---

90 O Documento da CNBB n. 107 ressalta a diversidade dos sujeitos da IVC, apresentando uma grande gama de participantes: família, adultos, adolescentes, jovens, crianças, pessoas com deficiência, grupos culturais, pessoas em situações específicas, adultos não suficientemente evangelizados, comunidade, bispos, presbíteros, diáconos, catequistas, demais agentes de pastoral, vida consagrada, movimentos apostólicos e novas comunidades: Cf. CNBB. *Iniciação à Vida Cristã. Itinerário para formar discípulos missionários*, n. 198-239.
91 DGC n. 91.
92 CF. ALBERICH, E. *Catequese evangelizadora*, p. 203

A evangelização (e a catequese) exige uma mentalidade de itinerário: um caminho planejado, um projeto continuado e integral, que ultrapassa a mentalidade de atividades isoladas, de momentos estanques, de temas do sumário do livrinho, ou de um amontoado de experiências sem espaço de reflexão e assimilação. Esta concepção de itinerário é um resgate do processo de educação na fé, da Igreja dos primeiros séculos, pois no início os cristãos eram convidados a fazer parte do caminho ou colocar-se a caminho (cf. At 18,25-26). Ser cristão não era um simples aprendizado teórico, mas um caminho prolongado de inserção na vida cristã. Assim expressa o Diretório Nacional de Catequese sobre o itinerário catequético:

> É um itinerário educativo, que vai além da simples transmissão de conteúdos doutrinais desenvolvidos nos encontros catequéticos. Estes roteiros contemplam um processo participativo de acesso às Sagradas Escrituras, à Liturgia, à doutrina da Igreja, à inserção na vida da comunidade eclesial e a experiências de intimidade com Deus.[93]

Seguindo esta linha de pensamento, a Comissão Episcopal Pastoral para a Animação Bíblico-Catequética da CNBB preferiu publicar, em um primeiro momento, não um livro de temas (encontros catequéticos), mas sim um Itinerário Catequético, uma proposta para que os processos catequéticos de todas as idades tenham inspiração catecumenal.[94] Deste modo, cada Igreja Particular pode fazer as devidas adaptações à sua realidade. O mais importante é manter-se fiel à mentalidade de itinerário global, como aqui propomos, pois é deste modo que a relação comunidade paroquial e IVC alcança seus frutos.

Veremos, a seguir algumas pistas concretas para esta sadia interação dentro do itinerário catecumenal de adultos, baseado no RICA. As mesmas pistas podem ser adaptadas às crianças e adolescentes em idade de catequese, tendo sempre presente que a inspiração catecumenal se aplica a todos os âmbitos catequéticos.[95]

3.1 Fazer do Catecumenato oportunidade de verdadeira acolhida na comunidade

Jesus acolheu todas as pessoas sem distinção. Seguindo o exemplo do Mestre, a comunidade deve ser uma família que acolhe irmãos, uma comunidade atraente, cativante, como afirmou o Papa Bento XVI em Aparecida, em 2007:

---

93 DNC n. 152.
94 Cf. CNBB. *Iniciação à Vida Cristã. Itinerário Catequético*. Brasília: CNBB, 2016.
95 Também existem outros âmbitos que podem ser beneficiados pela inspiração catecumenal, como falaremos adiante. O nosso texto tem a opção de tratar do Catecumenato de adultos.

A Igreja cresce, não por proselitismo, mas por atração: como Cristo que 'atrai tudo para si' com a força do seu amor.[96]

É preciso considerar que são várias as motivações que conduzem as pessoas a procurar a catequese de adultos (podemos falar o mesmo das crianças): muitos desejam apenas receber os sacramentos da Iniciação Cristã porque sentem que lhes falta algo ou têm a intenção de casar na Igreja; há aqueles que se encontram em crise de sentido, buscando um novo projeto de vida. A paróquia, rede de comunidades, tem o Catecumenato como uma oportunidade para dar apoio às pessoas em tais situações, dando-lhes sentido de pertença à Igreja[97] e ressignificando as suas intenções, sem fazer julgamento algum. Por isso, a personalização deve ser um aspecto marcante dentro de todo o processo iniciático, considerando-se cada pessoa em seu contexto, conduzindo-o ao encontro com o Senhor, dando-lhe meios para cultivar a fé.

A acolhida é marca de todo processo catecumenal, mas tem o seu momento especial no pré-Catecumenato – tempo de acolhida e de querigma. Entra em cena a figura do Introdutor.[98] O Introdutor é uma pessoa que tem a capacidade de dar testemunho de sua fé, como representante da comunidade paroquial. Pode ser escolhido entre os agentes já existentes nas diversas pastorais ou entre os que acabaram de receber os sacramentos. O Introdutor acompanha o candidato durante o pré-Catecumenato e, em alguns casos, pode contribuir, mesmo depois do pré-Catecumenato, prosseguindo o acompanhamento como padrinho.

É muito importante o primeiro contato personalizado do Introdutor com o candidato. Outro momento fundamental é a primeira reunião com o grupo de candidatos, sendo conduzida em clima de acolhida e familiaridade. Todos devem se sentir em casa, acolhidos pela comunidade, pela manifestação da alegria pela participação dos recém--chegados, o que gera clima de confiança. Os agentes responsáveis pelo Catecumenato devem estar prontos para responder às demandas dos candidatos.

3.2 Valorizar o itinerário celebrativo do Catecumenato

No Catecumenato acontece uma íntima união entre catequese e Liturgia, como havia no cristianismo dos primeiros séculos. A Liturgia, por si só, tem uma dimensão catequética. As celebrações com sua riqueza de palavras e ações são uma verdadeira catequese em ato.[99]

---

[96] DAp n. 159.
[97] Cf. CNBB. *Iniciação à Vida Cristã. Um processo de inspiração catecumenal* (Estudo da CNBB 97). Brasília: CNBB, 2009, n.13.
[98] Cf. RICA n. 42.
[99] CR n. 89.

O "Diretório Nacional de Catequese" corrobora esta ideia, afirmando a necessidade de um itinerário catequético que inclua um itinerário celebrativo como componente indispensável:

> As festas e as celebrações são momentos privilegiados para a afirmação e interiorização da experiência da fé. O RICA é o melhor exemplo de unidade entre Liturgia e catequese. Celebração e festa contribuem para uma catequese prazerosa, motivadora e eficaz que nos acompanha ao longo da vida. Por isso, os autênticos itinerários catequéticos são aqueles que incluem em seu processo o momento celebrativo como componente essencial da experiência religiosa cristã. É esta uma das características da dimensão catecumenal que hoje a atividade catequética há de assumir.[100]

As celebrações catecumenais[101] reforçam o vínculo do processo iniciático. Primeiramente, porque deste modo, alimenta-se a fé dos catequizandos e dos catecúmenos por uma catequese mistagógica que leva em consideração a importância da oração e a força dos sinais. Assim, conduz-se ao mistério de Cristo, enfatizando neles a consciência de que estão em um processo gradativo de IVC, com a irrenunciável adesão à comunidade. As celebrações ajudam muito para que os participantes se sintam membros da igreja, pois sentem que a iniciação está em sintonia com a caminhada de uma comunidade de fé, além de sentirem-se bem acolhidos pelos fiéis.

Também a comunidade celebrante é fortalecida, pois renova a sua vida cristã junto com os catequizandos e catecúmenos, que participam das celebrações, realizadas com a assembleia litúrgica. Os que já receberam os Sacramentos da Iniciação Cristã renovam a sua iniciação, pois se lembram de que já foram iniciados em Cristo e na comunidade, já foram mergulhados neste mistério que agora é também oferecido a novos filhos da Igreja. Além disso, esta comunidade de fiéis que celebra a sua fé deve se envolver nas celebrações do Catecumenato (principalmente os membros da equipe litúrgica), reforçando a sua responsabilidade eclesial e evangelizadora para com os catequizandos e catecúmenos.[102]

---

100 DNC n. 118.

101 São bem conhecidas as celebrações propostas pelo Catecumenato, contidas no RICA: celebração de entrada no Catecumenato, celebrações de entrega (Símbolo, Pai Nosso), celebração de eleição, celebrações de escrutínios (realizada no 3º, 4º, e 5º Domingos da quaresma), rito do éfeta, celebração dos sacramentos de iniciação cristã (preferencialmente na Vigília Pascal), além das celebrações da Palavra que podem ser realizadas com o grupo, presididas pelo próprio catequista.

102 Sobre a integração com a liturgia, cf. CNBB. *Iniciação à Vida Cristã. Itinerário para formar discípulos missionários*, n. 145-151.

3.3 Conduzir os catequizandos e catecúmenos para a participação em atividades evangélico-transformadoras

A Igreja do Brasil, seguindo o modelo global (como vimos anteriormente), instituiu e tem incentivado o plano de atividades evangélico-transformadoras. Consiste na organização da catequese a partir de um itinerário de atividades que levam a pessoa à vivência cristã em comunidade e ao comprometimento com a evangélica transformação da sociedade. A educação da fé não vem acontece principalmente pela instrução, mas pela própria prática cristã, em um verdadeiro processo de interação entre fé e vida.[103] Nesta linha, é muito oportuno que os catequizandos realizem atividades que os eduquem para a caridade, para a comunidade e para o compromisso social, como, por exemplo, atividades em prol da ecologia, visitas em instituições sociais, campanhas, etc. O catequizando realiza ao longo do processo um verdadeiro estágio de vida eclesial, que o leva a se envolver na comunidade.

3.4 Proporcionar aos participantes do processo a inserção nos grupos e serviços da comunidade

O Catecumenato de adultos tem um tempo específico para se trabalhar a acolhida dos neófitos na comunidade e o despertar de sua missionariedade – o *tempo da mistagogia*, que ocorre no período litúrgico Pascal, logo após a recepção dos Sacramentos de Iniciação.[104] O RICA não dá muitas orientações sobre o tempo da mistagogia, limitando-se a propor a participação nas missas dominicais da Quinquagésima Pascal.[105] A criatividade aqui é bem-vinda, de modo que se aproveite bem este tempo, tendo presente a importância da sintonia com a liturgia do Tempo Pascal.

A primeira indicação pastoral é aproveitar a quinquagésima pascal como um tempo de catequese mistagógica. Seria conveniente que, ao final das missas indicadas para a participação dos neófitos, eles se reunissem com o catequista e, se possível, também com o pároco e os membros da equipe do Catecumenato, a fim de meditar e partilhar a

---

103 Cf. CR n. 112-114.
104 Cf. RICA n. 235-239.
105 As missas depois da Páscoa são designadas "missas pelos neófitos", na qual os padrinhos, os catequistas, os colaboradores do Catecumenato são convidados a participar com os iniciados (cf. RICA n. 40; 57). Podem eles ser acolhidos na assembleia, na missa da oitava de Páscoa, entrando solenemente com vestes brancas e velas nas mãos; devem ser lembrados na homilia e nas preces, além de ocupar lugar de destaque na assembleia durante os domingos (cf. RICA n. 236).

vivência eucarística que acabaram de participar. Podem, por exemplo, meditar e partilhar o Evangelho do dia.[106]

Após o término do Catecumenato é preciso que a comunidade mantenha o contato com o grupo catecumenal que passou pelo processo iniciático. Uma mensagem de celular ou um telefonema é sempre bem-vindo para que a pessoa se sinta importante. É conveniente a organização de um retiro ou momentos de convivência, depois de transcorrido certo tempo após o Catecumenato; os próprios momentos festivos e pastorais da comunidade podem ser bem aproveitados para a integração destes novos membros. Se necessário, a equipe do Catecumenato pode nomear alguns membros para dinamizar este serviço.

No tempo da mistagogia ou mesmo no tempo do Catecumenato, as pastorais podem se apresentar e falar sobre os serviços da comunidade aos neófitos. Esta prática tem uma dupla finalidade de enriquecimento comunitário: torna as lideranças das pastorais comprometidas com a missão de acolher novos membros e apresenta aos novos cristãos caminhos de inserção eclesial. Algo muito positivo é a participação dos neófitos no grupo dos Introdutores, pois os novos iniciados são os mais entusiastas e desejosos de oferecer um testemunho positivo sobre o valor do Catecumenato aos novos candidatos. Muitas comunidades têm esta prática com valiosos frutos.[107]

Uma ótima oportunidade de proporcionar engajamento é a formação de pequenos grupos. Os neófitos poderiam formar pequenos grupos ou serem convidados para participar de momentos de encontro abertos para toda a comunidade eclesial, no qual se aborda algum tema catequético ou um modo concreto de se viver a fé cristã, como acontece nos grupos de reflexão, também chamados grupos de família ou células de oração.[108]

4. Catecumenato e pastoral orgânica

Nada do que foi proposto até aqui será bem sucedido se a pastoral da comunidade for departamentalizada em gavetas, ou seja, sem a implementação da pastoral orgânica – caminho para que a comunidade realize a sua vida interna e a sua missionariedade. A organicidade pastoral de uma paróquia é garantida por três elementos: a) pela comu-

---

106 Cf. DAIVC-Ctba, p. 76.
107 Cf. DAIVC-Ctba, n. 64.
108 No item 2 falamos da importância da pequena comunidade. Os pequenos grupos não se constituem como comunidades propriamente dita. Mas, o seu valor é enorme, pois realizam o objetivo de uma experiência de fé mais partilhada e humana.

nhão com as demais comunidades da mesma Igreja particular; b) pela corresponsabilidade dos seus membros nos serviços pastorais; c) pelo exercício do conselho de pastoral que exerce as atividades em um planejamento participativo.[109]

4.1 A comunhão

A comunhão é garantida quando as comunidades têm uma ação local, mas não uma ação autônoma. Toda ação de uma comunidade local deve estar em sintonia com o bispo diocesano, ou seja, com as orientações diocesanas.[110] A comunidade paroquial deverá seguir o *Projeto Diocesano de IVC*,[111] que deverá ser publicado, preferencialmente no *Diretório Diocesano de IVC*, cuja publicação e decreto são responsabilidades do bispo diocesano.[112] O processo catecumenal não deve ser uma ação isolada de uma comunidade que está desvinculada das demais.[113]

4.2 A corresponsabilidade

A corresponsabilidade significa responsabilidade compartilhada, ou seja, responsabilidade dos membros da comunidade e dos serviços pastorais que se unem em prol de um mesmo objetivo. As várias ações do itinerário catecumenal (a acolhida, acompanhamento, instrução, intervenção em determinados momentos do processo, testemunho, participação e organização das celebrações, oração e o trabalho em prol do engajamento dos neófitos na comunidade) necessitam de alguns ministérios específicos que tornam mais evidente a comunidade evangelizadora: introdutores, padrinhos, catequistas, responsáveis pela liturgia, ministros ordenados,... Não se trata de um serviço de poucos, mas de vários agentes que representam a comunidade. Estes agentes deverão

---

[109] Cf. HACKMANN, G. L. B. *Por uma paróquia como comunidade evangelizadora*. Teocomunicação. Porto Alegre: Instituto de Teologia e Ciências Religiosa da PUC-RS, v.26, n.111 a 114, 1996, p. 11-12; FLORISTÁN, C. *Catecumenato: história e pastoral da iniciação*, p. 370-373.

[110] Cf. CNBB. *Iniciação à Vida Cristã. Um processo de inspiração catecumenal*, n.157.

[111] Cf. CNBB. *Iniciação à Vida Cristã. Itinerário para formar discípulos missionários,* n. 138-153.

[112] Cf. CNBB. *Iniciação à Vida Cristã*, n.152.

[113] Temos testemunhado muitas iniciativas de aplicação do RICA e de processos catequéticos de inspiração catecumenal bem-sucedidas. Contudo, grande parte delas são isoladas. É preciso que se incentive cada vez mais a inspiração catecumenal como elemento integrante dos projetos diocesanos. Entre as igrejas particulares que deram este passo, destacamos aqui a Arquidiocese do Rio de Janeiro (cf. DAIC-Rio) e a Arquidiocese de Curitiba (cf. DAIVC-Ctba). As experiências de ambas estão apresentadas em seus respectivos diretórios da IVC, citados neste artigo. Muitas das pistas concretas deste trabalho baseiam-se nestes diretórios.

receber uma formação específica, de inspiração catecumenal, de modo que conheçam bem o funcionamento do Catecumenato.

Não somente os agentes do Catecumenato, mas outras lideranças devem se envolver no processo. O convite para que as pessoas realizem a IVC não é um serviço exclusivo dos agentes do Catecumenato. Por isso, outras pastorais devem se envolver na acolhida dos membros, no testemunho, nas celebrações, na inserção dos neófitos nas pastorais e grupos. Note-se que alguns ministérios da comunidade já realizam o serviço da visitação, do acompanhamento e anúncio do Evangelho (pastoral da visitação, mensageiras das capelinhas, coordenadores de grupos de família, ministros da Comunhão... Todos eles podem ser bem *aproveitados* no processo catecumenal. O ideal é termos uma *comunidade catecumenal*, onde todos se sintam responsáveis pelo processo, uma comunidade que vai gradativamente aprimorando seu ímpeto de evangelizar pelo desenvolvimento do Catecumenato.

4.3 A pastoral orgânica depende do conselho de pastoral

Os serviços e ministérios devem estar integrados em um trabalho em equipe. O planejamento participativo a partir do envolvimento de toda a comunidade eclesial é muito importante: o Catecumenato é planejado no seio da pastoral orgânica para que a comunidade seja verdadeiramente sujeito da missão. Aqui estão algumas dicas que podem ajudar neste processo participativo, sobretudo, quando o Catecumenato está em vias de implantação.[114]

- Todas as lideranças devem tomar conhecimento da implantação do Catecumenato na paróquia, entendendo bem o seu funcionamento.

- É fundamental a formação de uma equipe do Catecumenato, com a participação do conselho de pastoral e o assentimento do pároco.[115]

- Elaborar um projeto paroquial do Catecumenato pela equipe, em sintonia com o conselho de pastoral. Será fundamental o calendário das atividades distribuí-

---

114 Aqui propomos várias possibilidades para a organização do Catecumenato, inspirados nos dois *diretórios* já mencionados: DAIVC-Ctba, principalmente páginas 78-80 e o DAIC-Rio, p. 69-78.

115 Os textos da CNBB sugerem a existência de uma equipe ampla que trabalha com todos os níveis de catequese: cf. DNC 325; CNBB. *Iniciação à Vida Cristã*, n. 143. Seguindo esta orientação, a equipe não cuidaria apenas do Catecumenato de adultos, mas de todo processo catequético. Parece-nos que esta indicação aponta para o ideal e não é a realidade da maioria das paróquias. De qualquer modo, independente se existe uma equipe única ou não, a fragmentação do processo deve ser evitada.

das ao longo dos tempos e etapas, bem como as ações e as tarefas que cada agente terá que desenvolver.

- É muito oportuno formar os agentes para que entendam o que é o Catecumenato, sobretudo por se tratar de um assunto ainda desconhecido de muitos.

- A partir da formação, os agentes tomam consciência da necessidade do empenho de todos para realização do Catecumenato. Deve-se motivar as lideranças para que trabalhem na convocação dos candidatos. Vários são os espaços para que esta ação se realize: novenas, grupos de oração e reflexão, reuniões de grupos e movimentos, celebrações... Algumas comunidades fazem um trabalho de divulgação bem abrangente: uso de faixas, entrega de panfletos em lugares públicos, uso das redes sociais. Uma Igreja em saída não poderá resumir a convocação para o Catecumenato somente no âmbito da comunidade paroquial ou ainda restrita às celebrações dominicais.

- Convidar pessoas de diversas pastorais e movimentos para alguns serviços específicos (Introdutores e responsáveis pela Liturgia). Evitar a centralização na escolha de Introdutores. Convêm que sejam escolhidos, com o consentimento do conselho de pastoral, pessoas de todos os grupos, associações e outras formas de atuação pastoral, de modo que haja diversidade de linhas, o que possibilita também um envolvimento mais abrangente da comunidade.[116]

- Planejar como será realizado o envolvimento das pastorais e grupos na acolhida dos neófitos, ou seja, quais serão as estratégias para mediar a inserção deles na comunidade.

- Organizar uma formação específica para os agentes das pastorais que assumem serviços específicos no Catecumenato, principalmente os Introdutores, catequistas e responsáveis pela Liturgia. Estes últimos deverão ter *domínio* do uso do RICA.

- Cuidar na escolha dos catequistas, pois o trabalho com adultos exige uma metodologia específica. Deverão ser *catequistas mistagogos*, e não meros transmissores de conteúdo.

- Providenciar o agendamento paroquial para as celebrações e ritos próprios.

- Realizar avaliações periódicas para aprimoramento do processo. Importante ressaltar que avaliar não é apontar culpados, mas tomar consciência, de modo fraterno, do que pode ser melhorado.

---

[116] Cf. DAIC-Rio, 24-25; 120.

Um caminho pastoral para que o Catecumenato ajude a implementar a pastoral orgânica é a execução de um projeto unitário e global de IVC[117]: um dos grandes desafios da Igreja hoje não é somente a catequese com adultos, mas a integralidade da IVC na comunidade paroquial. Por isso, além de implantar e qualificar o Catecumenato de adultos, a comunidade precisa integrá-lo à Pastoral do Batismo de crianças e à catequese de crianças e adolescentes, que está ligada à iniciação Eucarística e à Confirmação.

A pedagogia catecumenal pode inspirar outros processos formativos, que serão mais facilmente integrados na pastoral orgânica.[118] Pode-se aproveitar os âmbitos formativos que são tradicionalmente procurados pelo povo: além da preparação de pais e padrinhos para o Batismo e a Primeira Comunhão Eucarística das crianças, merecem destaque os encontros de noivos. Os documentos do magistério indicam que estes âmbitos são importantes para que se realize uma pastoral catequética adequada.[119] A pedagogia e a estrutura organizada para o Catecumenato de adultos pode ser muito bem aproveitada em cada um destes âmbitos, ajudando a dar um caráter missionário dentro de um contexto de mentalidade de pastoral orgânica.

Todos eles deverão superar a mentalidade de *cursinhos de preparação*, assumindo a feição de um processo mais completo que considera cada pessoa em sua individualidade desde o momento em que procura a comunidade. Para sua eficácia, todos os âmbitos formativos tenham *inspiração catecumenal*,[120] priorizando a acolhida, o querigma, a personalização e a dimensão celebrativa. Não se admite mais os famosos *cursos de batismo* ou *cursos de noivos*, que dão ênfase mais ao conteúdo, validando a participação por meio de uma *carteirinha*, do que à experiência de fé. As exigências da missão convidam a Igreja a renovar os seus métodos e suas prioridades.

---

117 Cf. BOROBIO, D. *Catecumenado e Iniciación Cristiana. Un desafío para la Iglesia hoy.* Barcelona: Centro de Pastoral Litúrgica, 2007, p. 72-73; CNBB. *Iniciação à Vida Cristã,* n. 152.
118 Cf. CNBB. *Iniciação à Vida Cristã. Um processo de inspiração catecumenal,* n.147-148.
119 Cf. DGC n. 258.
120 Cf. DNC n. 45.

Conclusão

Ao final desta reflexão, cabe mencionar alguns riscos que impedem ou dificultam o andamento do processo iniciático.

Comumente, considera-se que o Catecumenato seja um processo complexo e que as comunidades paroquiais não têm condições de realizá-lo com eficácia. Seria utópico esperar que a comunidade tenha pré-requisitos prontos. O Catecumenato, com as devidas adaptações, pode ser com facilidade implantado em uma paróquia, e a sua execução irá gradativamente implementar a consolidação da comunidade e a sua missionariedade.

O processo de formar discípulos missionários difere muito dos métodos de pastoral de massa, cujo objetivo é reunir grande quantidade de fiéis, assim como das palestras e cursinhos. Os itinerários de IVC primam pela qualidade dos cristãos comprometidos em desenvolvê-los e do clima celebrativo do processo. Portanto, não importa se os resultados não são tão imediatos e se há um grande investimento de esforços em prol de um pequeno grupo. A paciência é ingrediente fundamental para o bom êxito do Catecumenato.

Por fim, o espírito catecumenal é o mais importante elemento. Seria temerário fazer uma série de atividades novas com o espírito velho, com a mesma mentalidade arcaica de uma catequese doutrinal ou de uma Igreja que não privilegia a comunidade e a missão. Corremos o risco de colocar *vinho novo em odres velhos* (Mt 9,17). A inspiração catecumenal depende, de certo modo, da mística de cada agente de pastoral. Talvez o maior desafio da implementação dos itinerários de IVC, como o Catecumenato, é esperar que os agentes improvisem um novo estilo para o qual não foram formados. Por isso, a importância de formar agentes segundo a inspiração catecumenal. Os verdadeiros iniciadores são aqueles que já foram iniciados, ou seja, quem já fez a experiência do encontro pessoal com Cristo irá ajudar outros a realizar a mesma experiência.

7

A figura do Introdutor/acompanhante no processo catequético da Iniciação à Vida Cristã

*Padre Guillermo Daniel Micheletti**

---

* **Padre Guillermo Daniel Micheletti,** presbítero argentino, natural de Córdoba. Licenciado em Ciências da Educação, pela Pontifícia Faculdade *Auxilium* – Roma. Desde 1995 exerce seu ministério presbiteral na Diocese de Santo André/SP; atualmente na Paróquia Jesus Bom Pastor [Santo André]. Membro fundador da Sociedade Brasileira de Catequetas [SBCat]; membro da Sociedad Latino-americana de Catequetas [SCALA]. Escritor com dezesseis livros publicados pelas Editoras Ave-Maria e Vozes.

Hoje a Igreja encontra-se diante de um panorama generalizado de abandono e desmotivação existencial, para cumprir sua missão de incentivar **as pessoas que alicercem a vida em Jesus Cristo**. Com isto, não adianta – a nosso ver – encher as comunidades de eventos, festinhas e encontros de superficial espiritualidade que assemelham mais a sessões de adocicado esoterismo, criando – em não poucos – a ilusão de que do céu vão cair chuvaradas de soluções mágicas e rápidas para todas as necessidades. Falta coragem criativa para oferecer propostas sérias de acompanhamento pessoal para formar novos cristãos: sem pressa, sem condicionamentos para concluir com um sacramento, recebido sem amadurecimento nenhum, ficando apenas numa superficial filantropia que deixa, apenas por pouco tempo, os corações calmos, mas, infelizmente inquietos e sedentos de uma autêntica espiritualidade que alicerce e impulsione as pessoas para os grandes desafios da vida.[121]

Devem-se repensar os itinerários catequéticos que apresentamos às pessoas a fim de promover nas paróquias uma renovada capacidade de oferecer possibilidades de ascender a fé, crescer nela e testemunhá-la diante das atuais condições de indiferença da vida hodierna. É preciso estruturar criativamente autênticos processos de IVC, organizados em tempos e etapas, com propostas adequadas, que permitam alicerçar o sentido da vida cristã, sem se preocupar com a conclusão ou encerramento. É preciso outorgar prioridade às famílias, oferecendo-lhes espaços comunitários de encontro com o evangelho em celebrações da Palavra e da Eucaristia.

Nesta reflexão sobre a *Iniciação à Vida Cristã* pretendo discorrer, de modo particular, sobre a figura do **Introdutor**. Dele traçaremos um sintético perfil, salientando a sua importância, escolha e formação na urgente tarefa de acompanhar os catequizandos.

---

[121] Cf. FONTANA. *Il mondo è cambiato: cambiamo la pastorale*. Leumann: Elledici, 2006, p. 11-13.

1. A importância do *Introdutor*

Se uma pessoa, na condição de catequizando ou catecúmeno,[122] deseja aproximar-se de uma comunidade eclesial com a vontade de ser evangelizada, por meio da acolhida do anúncio do Senhor Jesus e seu Reino, lhe será oferecido, entre outros meios, uma pessoa da comunidade, que exercerá o papel de Introdutor; isto é, homem ou mulher, que o acompanhará respeitosa e fraternalmente em sua iniciação e crescimento na vida cristã.

Podemos aplicar ao Introdutor, as palavras de Jean Rigal, sendo que o Introdutor há de propor sem impor, despertar as consciências sem procurar dominá-las, dar testemunho da fé sem esperar o reconhecimento das pessoas; anunciar a fé cristã em meio às múltiplas atitudes de indiferença: "se você quer", como repetia Jesus. O Introdutor fará como a Igreja deve agir no mundo de hoje: fazer um chamado à liberdade das pessoas e à sua consciência.[123]

Nos primeiros tempos os Introdutores foram chamados de "fiadores" ou "garantes". Hoje podem receber o nome de "padrinho em nome da comunidade" ou "catequista acompanhante" [cf. RICA n. 42]. Sua missão é primordial, particularmente no início do processo da IVC, caracterizado pelo acompanhamento durante o **"Primeiro Tempo"** do percurso catecumenal, conhecido como Pré-catecumenato.

O Introdutor será uma pessoa que, como representante da comunidade, preparará o catequizando para acolher, na liberdade, o dom da fé que brotará do seu coração como resposta ao anuncio da Boa Nova. O Introdutor conduzirá o catequizando de modo pessoal ao encontro do Senhor, propondo-lhe condições gradativas para a conversão e a fidelidade no seguimento discipular de Jesus, facilitando o processo pelo qual o catequizando será revigorado para entrar no **Segundo Tempo**, o Catecumenato propriamente dito, onde será a pessoa do Catequista da comunidade a atuar prioritariamente.[124]

A insistência de ter um *Introdutor* como acompanhante no processo de IVC não é questão acessória e, por isso, precisamos resgatar aquela sábia prática das primeiras comunidades quando cada candidato era acompanhado pessoalmente na Iniciação. Hoje, na verdade, pouco se faz e se diz nesse sentido; pois nem sem-

---

[122] Usaremos aqui os termos **catecúmeno** e **catequizando** sem diferença nenhuma. Mas, na ciência catequética, é sabido que existe diferença entre estes termos. Quando se fala em *catecúmeno*, está se falando de uma pessoa que inicia "integralmente" o processo de IVC, isto é, não tem celebrado ainda nenhum dos sacramentos da Iniciação: Batismo, Crisma e Eucaristia. Por outra parte, *catequizando*, refere-se à pessoa que, já batizada [e quiçá iniciada à vida eucarística], deseja assumir um itinerário sério de aprofundamento à vida cristã; e, talvez, se preparar para Crismar-se e confirmar a sua fé.

[123] Cf. Jean RIGAL. *L'Eglise en chantier.*

[124] CNBB. *Iniciação à Vida Cristã,* n. 81; p. 49.

pre se consegue superar o nível de um atendimento generalizado ou massivo. É preciso personalizar a formação, caso contrário, o resultado dificilmente será de uma duradoura inserção na Igreja. Já o papa João Paulo II, a este respeito, percebia o desafio de estruturar uma pedagogia que introduza a pessoa, passo a passo, até chegar à plena apropriação do mistério. Para se chegar a um estado de maturidade, isto é, para que as pessoas sejam capazes de decisões verdadeiramente livres e responsáveis.[125] Não poucas vezes, aparecem dúvidas e preocupações; há angústias e esperanças, muitas alegrias que, no meio do caminho, precisam ser partilhadas: Eis a função do *Introdutor* na comunidade: função tão fundamental e decisiva, que pode-se dizer sem medo de errar, que do seu trabalho, depende em grande medida, o bom êxito da Iniciação.

Por isso, o *Introdutor* encorajará o catequizando a acolher e a anunciar com entusiasmo Jesus Cristo; a encantar-se pela sua pessoa, mensagem e missão. Isto responde à natureza do anúncio querigmático que abrange a primeira parte do processo catecumenal, o *Pré-Catecumenato*. Também ajudará a aprofundar o Querigma e outros conteúdos ensinados pelo Catequista, como caminho de descoberta pessoal e de conversão; acompanhará o catequizando na celebração de entrada no catecumenato; terá encontros periódicos e sistemáticos com os catecúmenos para oportunizar a partilha de seu progresso na caminhada de fé: assim como dos desafios, dificuldades, alegrias e descobertas.

Por outra parte, o *Introdutor* participará na avaliação das disposições do candidato quando da sua preparação para entrar na segunda etapa, a do momento da Catequese propriamente dito [RICA n. 16]. Na celebração de acolhida, quem preside pergunta também ao *Introdutor* se ele está disposto a ajudar a pessoa que acompanha a encontrar e seguir Jesus Cristo [RICA n. 77].

Como se nota, a função do *Introdutor* – o dissemos e o reiteramos – é fundamental. Pois sua missão garante e ajuda a dar os primeiros passos do candidato na comunidade. Trata-se de um ministério que se parece com a função de um orientador espiritual, que escuta ativa e carinhosamente, sabe aconselhar, animar e, sobretudo, dá testemunho pessoal de amor a Jesus Cristo e aos irmãos e irmãs.

Fica claro, então, que o ministério do *Introdutor* é de "ajuda" e de "acompanhamento" durante o primeiro tempo do processo de iniciação, o pré-catecumenato. Ele será substituído pelo padrinho ou a madrinha no momento da eleição; embora o RICA aconselhe que o mesmo *Introdutor* venha a ser o padrinho ou a madrinha [RICA n. 42]. Se o catequizando escolher outra pessoa que não seja o *Introdutor*, seria oportuno que o padrinho [ou madrinha] escolhido/a, acompanhe a atividade do *Introdutor*.

---
125 Cf. JOÃO PAULO II. *Exortação apostólica Ecclesia in Ásia – 06/11/1999*, n. 20.

2. A delicada missão de escolher o *Introdutor*

Antes de começar o processo de IVC na comunidade é preciso levantar nomes para a função do **Introdutor**. Esses irmãos/as apontados/as devem estar bem animados/as, devidamente formados/as e preparados/as para tão delicado ministério. Cada catequizando pode escolher um **Introdutor** à vontade ou deixar para a comunidade a escolha mais adequada.

A pessoa escolhida deve ser pessoa de fé, já iniciada, presente na vida litúrgica da comunidade, amante de Palavra de Deus e assíduo à comunhão eucarística, amiga dos irmãos e irmãs da Igreja, simples no relacionamento com as pessoas: que saiba ouvir, dialogar e construir; solidária com os mais pobres, respeitosa para com todas as religiões e receptiva sensibilidade devocional do catolicismo popular. O Papa Francisco, fala oportunamente da importância dessas pessoas:

> Hoje mais do que nunca precisamos de homens e mulheres que conheçam, a partir da sua experiência de acompanhamento, o modo de proceder onde reine a prudência, a capacidade de compreensão, a arte de esperar, a docilidade ao Espírito.[126]

3. Temas no processo formativo do *Introdutor*[127]

Os temas que propomos a seguir, devem ser tratados e bem esclarecidos, a fim de que a ação do **Introdutor** seja idônea e eficaz.

- Conhecer a teologia e a metodologia do processo completo da IVC;
- As raízes bíblicas e eclesiais da Iniciação;
- O que é a Iniciação de inspiração catecumenal;
- Critérios para o acompanhamento espiritual;
- Partilha da própria experiência de fé;
- Levantamento de propostas, dúvidas, sugestões;

---

126 Cf. FRANCISCO. *Evangelii Gaudium,* n. 171.
127 Como leitura de apoio: Guillermo D. MICHELETTI. *Proposta de formação para catequistas-animadores de uma catequese com inspiração catecumenal.* In: Revista de Catequese 141, janeiro/junho, 2013, p. 91-97; Orlando BRANDES. *Cartilha sobre a Iniciação Cristã.* In: Revista de Catequese 126, abril/junho, 2009, p. 74-80.

3.7 Estabelecer vínculos de confiança e de ajuda fraterna, em nome da comunidade eclesial. O *Introdutor* age sempre *na* e *em nome* da Igreja. Pois, é claro que o candidato à vida cristã está se inserindo na vida de uma comunidade cristã concreta e nada ideal.

4. As principais tarefas do *Introdutor*

Sem dúvida, no decorrer dos encontros com os candidatos/catecúmeno acontecerá um natural conhecimento mutuo: *Introdutor/Catecúmeno*. Como um guia seguro, o *Introdutor* levará em conta as ações e itinerários que propomos a seguir.

- Favorecerá a ação do Espírito Santo que é o protagonista da Iniciação do catecúmeno na vida de Cristo e da Igreja;
- Facilitará a prática familiar do Evangelho na vida pessoal, social e comunitária do catecúmeno;
- Estimulará o catecúmeno no processo de conversão e vivencia do Evangelho;
- Auxiliá-lo-á nas dúvidas e inquietações;
- Dar-lhe-á apoio e testemunho cristão.

Depois da celebração dos Sacramentos, velará pelo progresso do iniciado na dinâmica da sua vida batismal e na sua inserção na Comunidade [cf. RICA, n. 43].

5. A espiritualidade própria do *Introdutor*

O *Introdutor* não é um *especialista* em espiritualidade, mas sempre aberto e curioso por saber e conhecer mais e melhor sua fé, os caminhos para a intimidade com Deus e o compromisso com ele e seu Reino. É um cristão [ou cristã] de boa vontade, que se coloca ao serviço daquele que quer ouvir a Palavra de Deus e seguir Jesus. Não é certamente *um professor*, mas um *educador-educando* que provocará e acompanhará um *educando-educador* no complexo e misterioso caminho da fé. Deve ser, sim, um especialista no ouvir e no aprender pacientemente. Procurará desde o início ajudar o catecúmeno a percorrer o caminho que vai se abrindo à sua frente de modo fascinante. Certamente, o *Introdutor* *não pode e nem precisa saber tudo*. Mesmo sendo uma pessoa sempre aberta a mais conhecimentos sobre os itinerários de IVC, caminhará junto com o catecúmeno, ajudando-o a buscar respostas e sabendo que surgirão novas perguntas, que abrirão novos horizontes em uma busca interminável.

Será ciente de que no processo de IVC não há como finalidade primária e imediata a preparação para os sacramentos, senão a formação de verdadeiros e autênticos discípulos do Senhor. Assim, o catecúmeno ou catequizando será introduzido à comunhão com Jesus, a ponto de adquirir suficiente capacidade de ver, julgar e agir segundo os sentimentos, pensamentos e critérios de Cristo Jesus. Ajudará o catecúmeno a viver uma experiência de encontro com Jesus como o fizeram os primeiros discípulos. Uma experiência libertadora, transformadora e humanizadora. E o *Introdutor* terá solidez, convicção e entusiasmo na comunicação da pessoa, mensagem e missão de Jesus Cristo e será, assim, verdadeiramente humano, humano em plenitude. Nisso consiste seguir Jesus Cristo e assumir seu projeto de salvação. A vida em plenitude resume a missão de Jesus de Nazaré [cf. *João* 10,10].[128]

O *Introdutor* deve contagiar o catecúmeno daquela alegria "sempre antiga e sempre nova" [Santo Agostinho] de ser seguidor de Jesus e, de pertencer à comunidade de seus seguidores. Deve ser uma "testemunha contagiante", em meio à obscuridade, à fragilidade e à provisoriedade de nosso tempo, tão carente de "testemunhas da luz", como João Batista (*João* 1,8) [cf. Paulo VI, *Discurso: 02/10/1974*].

O *Introdutor* é testemunha humilde que – no estilo de João Batista – não se atribui nenhuma função, focando a atenção à sua pessoa, roubando – por assim dizer – o protagonismo de Jesus. Ele é um seguidor que não O suplanta nem O eclipsa, mas que, sustentado e animado por Ele, deixa entrever em seus gestos e palavras, a presença inconfundível de Jesus no meio de nós. O Introdutor é um cristão que com sua vida realizada, alegre e feliz, facilita, abre trilhas para que os catecúmenos encontrem Jesus e tenham com ele familiaridade. Como seguidor de Jesus ele espalha o frescor de Sua viva e amorosa presença diante do massificado esquecimento e do abandono de uma consistente prática de fé.

O *Introdutor*, como as testemunhas de Jesus, não fala de si mesmo. A força de sua palavra manifesta sempre o ecoar daquela que Jesus diz. Na realidade, a testemunha não tem a palavra, pois é apenas "uma voz", que anima a todos e que "aplaina" o caminho

---

[128] Preciosa palestra de Frei Carlos MESTERS e Francisco OROFINO. *Jesus Mestre: A experiência do encontro pessoal com Jesus*. In: CNBB. *3a Semana Brasileira de Catequese. IVC*. Brasília: Edições CNBB, 2010, p. 117-185; Agenor BRIGHENTI. *A ação pastoral em tempos de mudança: modelos obsoletos e balizas de um novo paradigma*. In: Vida Pastoral 302, março/abril, 2015, p. 32.

que leva/conduz a Jesus Cristo. Sem dúvida nenhuma, também hoje, a fé da comunidade se sustenta sobre a experiência dessas testemunhas humildes e simples que, em meio a tanto desalento e desconcerto, iluminam, ajudando com sua vida a sentir a irresistível proximidade de Jesus.[129]

6. Metodologia. Sugestões para o acompanhamento espiritual dos catecúmenos/catequizandos[130]

Para que aconteça uma eficaz e duradoura ação pedagógica no acompanhamento do catecúmeno/catequizando, achamos oportuno observar algumas indicações que colocamos nos parágrafos seguintes.

6.1 Ambiente. É importante que os primeiros encontros sejam muito bem preparados, em local aconchegante, bem iluminado e arejado

O *Introdutor* falará para o catequizando e a família que não se trata de um exame ou algum tipo de prova, mas de uma conversa descontraída sobre o aproveitamento e o que pensam da caminhada catequética pessoal e familiar iniciada na comunidade. Se possível, oferecer água ou um cafezinho à vontade.

6.2 O acompanhamento espiritual que o Introdutor realiza no início da caminhada de fé é imprescindível

a ponto de poder dizer com convicção de que *disso depende o êxito de todo processo iniciático*. Será a partir do **Pré-catecumenato**, que o **Introdutor** trabalhará concretamente as seguintes finalidades:

---

[129] Cf. José Antonio PAGOLA. *Testemunhas da luz.* In: Antonio J. de ALMEIDA. *O Pão Nosso de Cada Dia*, dezembro 2014, p. 52; Valeriano Santos COSTA. *Vida Cristã. A existência no amor.* São Paulo: Paulinas, 2014 [para nós: p. 47-54]; Luiz E. P. BARONTO/Danilo César S. LIMA. *Oração Cristã. Um encontro com Jesus.* São Paulo: Paulus, 2014 [particularmente p. 41-45.73-76]; INSTITUTO DI CATECHETICA. *Andate & insegnate. Manuale di Catechetica.* Leumann: Elledici, 2002, p. 259-261.

[130] Esquema inspirado em Domingos ORMONDE. *Pontos de partida para um catecumenato em etapas*, p. 29; Jesús Sastre GARCÍA. *Acompañamiento espiritual.* In: *Nuevo Diccionario de Catequética* [Vol. I]. Madrid: San Pablo, 1999, p.76-92.

- Auxiliar a atuação do Espírito Santo naquele que está se iniciando no catecumenato na vida de Cristo e da Igreja;
- Ajudar na compreensão do Evangelho e na adesão à pessoa de Jesus Cristo;
- Clarear, motivar e orientar a leitura bíblica e a oração pessoal.

6.3 Atitudes gerais ao longo do acompanhamento

- Assumir a atitude de escuta cordial e fraterna para com o catecúmeno/catequizando acompanhado;
- Interessar-se pela vida e o mundo dele: o que ele fala, suas dúvidas e inquietudes; mais ainda: com carinho e caridade, corrigirá alguns conceitos confusos e inadequados que ele venha a manifestar ao longo das conversas [verdades de fé não esclarecidas sobre Deus, expressões imprecisas sobre a vida cristã].[131]
- Acolher sem preconceitos as experiências religiosas e motivações dos catecúmenos/catequizandos. É conveniente lidar com ele com simplicidade, de modo informal e sem moralismos.
- Não se esquecer dos momentos orantes do encontro: sejam no início ou no final. Sobre tudo aplicar amplamente a espiritualidade dos *Salmos* [podemos cantar ou rezar os *Salmos* do domingo próximo ao encontro];
- Lembrar, nos momentos de oração, de seus familiares, especialmente dos que passam por dificuldades; também das pessoas conhecidas da comunidade; pois, o catecúmeno/catequizando deve ser educado à sensibilidade comunitária, pois ele já é um membro amado da Comunidade.

6.4 Alguns aspectos relevantes a tocar nas conversas iniciais

Nos primeiros contatos e conversas com o candidatos (catequizando/catecúmenos), para tirar proveito no caminho da IVC, propomos alguns tópicos importantes que poderão ser tratados, certamente sem entrar em detalhes a que pessoa pertence, de modo privado e pessoal.

---

[131] Se o *Introdutor* não sabe, consulte pessoas qualificadas: o pároco, teólogos, Dicionários, Revistas especializadas.

a) Sobre a vida: Pode-se recorrer a algum método de acompanhamento pessoal e a conversa pode versar sobre duas áreas: **Área aberta**: o que sabemos de nós mesmos e deixamos que os outros percebam; **Área cega**: o que não sabemos de nós mesmos, mas que os outros percebem. Isto pode ajudar a:[132]

- Levar a pessoa, sem imposições, a falar de si mesmo, de seu contexto familiar, profissional; sobre sua história religiosa, expressando os motivos e as expectativas que o levaram a procurar essa comunidade.
- Colocar-se sempre à disposição do catequizando; começar com pontualidade os encontros agendados.
- Incentivá-la para que exprima seus anseios, esperanças, alegrias, dores e lutas.
- Dirimir dúvidas sobre qual é a importância da vida cristã em sua vida. Dúvidas, esclarecimentos...

b) Sobre a leitura bíblica: Diz São Jerônimo: "É preciso procurar nas Escrituras não as ciências, mas a sabedoria".

- Verificar se o catequizando gosta da leitura bíblica e como a faz;
- Lembrar que é o Espírito Santo a nos iluminar para acolher a mensagem de Deus a través das leituras bíblicas; motivar para que ele preste atenção ao conteúdo das homilias na Liturgia da Palavra [pedir por ex. que comente alguma homilia dominical];
- Se não tem o costume de realizar leitura bíblica, o *Introdutor* fará uso frequente da Bíblia, mostrando seu valor para a vida a fim de motivar o/a candidato/a a usá-la frutuosamente. Lembrar algumas passagens conhecidas, ensinar a procurar, diariamente alguma mensagem nas páginas da Bíblia;
- Motivá-lo/a para que faça leitura diária do Evangelho; procurando nele a vontade de Deus em sua vida;

---

[132] Cf. Janela de JOHARI, criada pelos psicólogos Joseph Luft e Harry Ingham [*Catequética*: setembro/outubro 2016, p. 341]

- Sugerir que decore algumas passagens ou uma palavra, para se lembrar ao longo dia ou em breves momentos de oração; se for preciso, indicar algumas passagens para que o/a acompanhado/a leia até o próximo encontro;

- Se o catequizando já é habituado à leitura bíblica, sugerir-lhe que decore algumas frases para repeti-las ao longo do dia [ao ritmo das batidas do coração] ou em breves momentos de oração.

- Lembrar também que Deus fala por meio das pessoas, dos acontecimentos simples do dia a dia, dos livros, da música, da natureza e de modo especial nas atitudes dos sofredores.

c) Sobre a oração pessoal

- Ir aos poucos, percebendo se o catequizando tem o costume de orar individualmente, ou em família e, principalmente em comunidade;
- Como ele faz sua oração; o que ele entende por oração cristã;
- Notar que a oração pode ser desenvolvida de várias maneiras: agradecendo, pedindo, colocando no coração de Deus as situações de sua vida: medo, dúvidas, inquietudes, alegrias, esperanças...
- Ensinar o método de leitura orante. Pode ser, por exemplo, começar com a oração do Pai-Nosso. Ajudar a dirigir a oração ao Pai amado de Jesus pela mediação dele, na força amorosa do Espírito Santo;[133]

---

133 Recomendamos: Luiz E. P. BARONTO/Danilo César LIMA. *Oração Cristã. Um encontro com Jesus*. São Paulo: Paulus, 2014; CNBB. *Leitura Orante "Fala Senhor, teu servo escuta"*. Brasília: Edições CNBB, 2014²; Enzo BIANCO. *Lectio Divina. Encontrar Deus na sua Palavra*. São Paulo: Salesiana, 2009.

7. Roteiro das conversas para o acompanhamento espiritual ao longo do caminho

Para o caso de já estar acontecendo o caminho do processo catecumenal, apresentamos aqui outros elementos que podem servir para aprimorar a ação pedagógica do *Introdutor* em benefício da pessoa que está sendo acompanhada:

- Em cada novo encontro perguntar partindo sempre da vida da pessoa: quais os sinais de mudança que ele percebe na sua vida a partir do encontro com Jesus; quais descobertas, exigências, dúvidas... [*Filipenses* 1,21-22];

- Como está enfrentado os desafios da fé em sua vida: família, namoro, amigos, trabalhos, acontecimentos do dia a dia...

- Como vai a sua preocupação para com os pobres e vulneráveis, os descartáveis da sociedade, a situação de violência, injustiça social...

- Como cresce o amor de Deus em seu coração: progressos, dificuldades, crises, decisões, mudanças de rumo...

- Como vai a oração pessoal, especialmente a maior e mais importante oração que é a Santa Missa. É importante que a pessoa perceba que hoje como na Igreja dos primeiros séculos, o que distinguia os cristãos das outras pessoas não era o modo com comiam, ou o que comiam, ou como se vestiam..., *mas o fato de oferecerem ao Pai de Jesus, comunitariamente, a Eucaristia* [*Carta a Diogneto*]; isto é, sabiam ser sinceramente agradecidos [*eu+Xaris*] ao Pai de Jesus.

- É preciso prestar atenção ao ritmo dos encontros, se possível – na fase inicial (*Pré-catecumenato*). Que os encontros sejam semanais/quinzenais; depois mensais ou a cada dois meses. De certo, a parceria entre o *Introdutor* e a pessoa acompanhada é um dos grandes segredos, se não o maior, do bom sucesso de todo o processo catequético da Iniciação;

- Importa que as conversas aconteçam de forma natural e descontraída, procurando objetividade e profundidade. Aproveitar o tempo [não mais de 45/60 minutos]. Após cada conversa, anotar [num caderno] as informações e impressões importantes para o bom prosseguimento do acompanhamento.

8. É preciso que o *Introdutor* avalie a si mesmo

É sinal de coerência e de humildade a pessoa que serve à Igreja saber avaliar-se retamente. Isso ajuda a não criar falsas expectativas; "achar-se o tal", como diz o papa Francisco; criando, de si mesmo, um "conceito exagerado", como que uma pessoa irretocável, construindo em seu interior uma velada tendência de converter-se em "único critério certo" diante da opinião dos outros (talvez porque "não atingiram" seu nível de espiritualidade), se encaminhando, imperceptivelmente, para a porta da *soberba*.[134]

A este propósito, proponho alguns pontos que podem ajudar o **Introdutor** a avaliar seu ministério a serviço do Senhor e da comunidade:[135]

- Como valorizo minha atividade? Estou colaborando ou atrapalhando no progresso da vida cristã da pessoa que estou acompanhando?

- Quais são as motivações que alimento no acompanhamento? Procuro-me a mim mesmo, mais que o bem da pessoa pela qual sou responsável? (Meditar *João* 1,27).

- Respeito a liberdade de suas decisões ou imponho meus critérios?

- Percebo com clareza as limitações e falhas do meu acompanhamento?

- Estou satisfeito porque as coisas apenas acontecem de qualquer jeito, ou me preocupo com o progresso espiritual da pessoa? Como fica o catequizando/catecúmeno neste processo de acompanhamento? Como ele/a valoriza a minha colaboração?

- E a equipe de catequistas e agentes da comunidade como avaliam minha pessoa e o meu ministério?

- Sou ciente que minha ação se coloca a serviço da ação evangelizadora da Igreja?

- Deixo que a pessoa que acompanho coloque espontaneamente as questões que são para ela duvidosas? Preocupo-me em responder criteriosamente às suas dúvidas e, quando necessário, pedindo-lhe esperar para pesquisar, consultar e, depois, trazer a resposta noutro momento? Guardo sigilo/segredo das conversas?

---

[134] Cf. Emmanuel da Silva e ARAUJO. *Sob a aparência do anjo da luz: considerações sob o discernimento das tentações da Segunda Semana*. In: ITAICI 98, dezembro, 2004, p. 53.

[135] Cf. Ambroise BINZ/Sylviane SALZMANN. *Formazione cristiana degli adulti. Riflessioni e strumenti*. Leumann: Elledici, 2001, p. 160; Tomás Rodríguez MIRANDA. *A direção espiritual. Pastoral do acompanhamento espiritual*. São Paulo: Paulus, 2009, p. 443.

Conclusão

Louvavam a Deus e eram estimados por todo o povo. E, a cada dia, o Senhor acrescentava a seu número mais pessoas que estavam sendo salvas (Atos 2,47).

É certo que no processo de IVC, de inspiração catecumenal, o **Introdutor** tem um papel preponderante. Por isso, a escolha e a formação de quem vai exercer esta missão representa, sem dúvida, um grande desafio para a Igreja. É algo novo. Uma das maiores dificuldades hoje, é conseguir alguém realmente contagiado pelo amor a Jesus Cristo para que, por sua vez, fascinar outros pela alegria do seguimento de Jesus, comprometido ativamente com a comunidade eclesial e a missão de estender o Reino de Deus.

O **Introdutor** deve ser uma "testemunha contagiante" desse seguimento alegre de Jesus, no meio da sociedade atual cada vez mais pós-cristã, sem os valores que forjaram o ocidente cristão, que vive do provisório e do superficial e onde a *"cultura líquida"* nos quer convencer de que tudo se esvai, "nada é feito para durar".[136]

Os **Introdutores** devem ser pessoas apaixonadas que tudo farão para que os catequizandos que acompanham se sintam amados por Deus, acolhidos na comunidade e motivados a iniciar pessoalmente o caminho do discipulado missionário. Eles terão a maravilhosa e não menos desafiadora missão de gerar, com dores de parto, novos membros para a comunidade eclesial. Membros que, transformados pelo amor de Jesus, não se conformem com retoques cosméticos ou pura casca de maquiagem, mas que sejam efetivamente "novas criaturas", amados por Jesus desde sempre e para sempre [2*Coríntios* 5,17]. Contagiados para seguir Jesus, mestre interior que ensina que o amor de seu Pai é tanto que se faz "vulnerável" às nossas misérias. Pois, se esperarmos um Deus poderoso, ficaremos desiludidos; na verdade encontraremos em Cristo um Deus que arriscou de assumir nossas fragilidades para que o encontrássemos amoroso e misericordioso. O catequizando descobrirá que o amor de Deus não assimilado, não transforma ninguém; não age na pessoa. Ora, cristão que não encontra o prazer de amar é cristão morto [*Gálatas* 4,19; 1*Coríntios* 4,15].[137]

---

136 Cf. Zygmunt BAUMAN. *Vidas líquidas.* Rio de Janeiro: Zahar, 2009, p. 7.
137 Cf. David G. BENNER. *Entregarse al amor.* 109-115; Valeriano Santos COSTA. *Vida Cristã: A existência no amor.* São Paulo: Paulinas, 2014, p. 60-61.

Obviamente que muitos se perguntarão: onde encontraremos pessoas com todas estas qualidades e dispostas para tamanha missão? Peçamos ao divino Espírito Santo que ilumine nossa procura e nossa escolha. Olhemos, com carinho à comunidade eclesial, pois nela existem pessoas que, como as pérolas preciosas, estão escondidas e devem ser descobertas, pois, essas pessoas são humildes e não ambicionam visibilidade.

8

A psicopedagogia catequética na Iniciação à Vida Cristã

Pe. Eduado Calandro *
Pe. Jordélio Siles Ledo **

---

* **Pe. Eduardo Calandro**, coordenador diocesano da comissão pastoral para a animação bíblico-catequética na diocese de Santo André, assessor da comissão pastoral para animação bíblico-catequética da CNBB regional centro-oeste. Mestre em Psicologia Clínica e doutorando em Teologia Pastoral. Atualmente é pároco da Paróquia Nossa Senhora dos Navegantes [Diadema/SP].

** **Pe. Jordélio Siles Ledo**, é estigmatino, assessor da comissão pastoral para animação bíblico-catequética do regional Sul I da CNBB para a catequese junto à pessoa com deficiência, assistente eclesiástico para a IVC na região Episcopal Belém na Arquidiocese de São Paulo, vice presidente da SBCat, mestre em Teologia Pastoral. Atualmente é doutorando em Teologia. Especialista em História da Arte e Pedagogia Catequética, Fundador do Museu Sagrada Família- Catequese e Arte. Vigário Provincial e pároco da Paróquia Nossa Senhora do Bom Conselho em São Paulo/SP.

Introdução

No atual contexto da ação evangelizadora da Igreja do Brasil, em uma realidade em permanente mudança, somos convidados a abraçar um novo paradigma para a evangelização, que recebe o nome de *IVC*. Neste mundo em constante mudança as pessoas se desenvolvem em situações cada vez mais secularizadas, indiferentes à fé cristã e, até mesmo, a ela hostis. Levar em conta as sucessivas idades no processo evangelizador dentro de seu contexto se torna um imperativo.

A Psicopedagogia Catequética é um importante caminho de conhecimento e acompanhamento das pessoas que desejam realizar seu encontro pessoal com Jesus Cristo e dele serem discípulos missionários. É uma ferramenta para o aprofundamento na reflexão que ajuda o/a catequista ou agente de pastoral, como educador da vida e da fé das pessoas, e para que esteja atento à situação existencial das mesmas, bem como compreender o desenvolvimento pessoal e comunitário delas. Eis mais uma razão de importância do Introdutor na ação evangelizadora da Igreja e no caminho da Iniciação á Vida Cristã.

Para que a mensagem de Jesus Cristo seja bem anunciada e seja bem acolhida urge investir muito e bem na formação de evangelizadores, de Introdutores, de catequistas, de lideranças e de agentes de pastoral. E neste processo formativo destacamos a importância da Psicopedagogia Catequética, que trabalha o universo pessoal, comunitário e social dos interlocutores, ajudando a evangelização a acontecer de forma eficiente e eficaz.

1. A Psicopedagogia Catequética

O termo Psicopedagogia deriva dos estudos da Pedagogia e da Educação em função da necessidade de compreender o processo de aprendizagem do ser humano. Ela surgiu a partir dos conhecimentos trazidos da Pedagogia e da Psicologia e evoluiu em busca de um corpo teórico próprio, como uma ciência norteadora dos procedimentos necessários ao trabalho com crianças, adolescentes, jovens, adultos e idosos, objetivando o reconhecimento das capacidades individuais e do processo de desenvolvimento pelo qual a pessoa passa. Nesta trajetória histórica e evolutiva, a Psicopedagogia encontrou muito de seus aportes teóricos na integração de vários campos de conhecimento, com a função de ter uma compreensão mais integradora do processo da aprendizagem humana. A Psicopedagogia evoluiu e, hoje, apresenta características próprias bem consolidadas. Pode ser definida como uma área de conhecimento que estuda o processo de aprendizagem e o modo em que os diversos elementos envolvidos nesse processo podem facilitar ou prejudicar o seu desenvolvimento.

A Psicopedagogia estuda o ato de aprender e de ensinar, levando sempre em consideração a realidade interna e externa das aprendizagens em seu conjunto. Estuda o processo complexo da construção do conhecimento, como também os aspectos cognitivos, afetivos e sociais.

Pode-se conceituar o termo Psicopedagogia como a busca de metodologia apropriada para elevar o nível de aprendizagem da pessoa. Dentro de nosso trabalho e missão na catequese, a Psicopedagogia quer contribuir com a Pedagogia Catequética, aprofundando os processos de desenvolvimento da maturidade e de aprendizagem humanas, bem como o processo de educação da fé, uma vez que não podemos perder de vista que a Catequese não é apenas ensino de conteúdo, mas também como uma mensagem que se transmite a partir de um caminho mistagógico. Como toda mensagem tem um interlocutor, se o catequista não estiver atento ao desenvolvimento do seu catequizando, poderá se equivocar na preparação e execução de seu encontro de catequese.

Portanto, quando falamos em Psicopedagogia Catequética, estamos propondo um uma reflexão específica para que o/a catequista, como educador da vida e da fé das pessoas que estão na catequese, tenha uma compreensão básica de todos os ciclos da vida: idosos, adultos, jovens, adolescentes, crianças e gestantes em sua respectiva capacidade de assimilação dos conhecimentos religiosos e consequente transformação da vida à luz da fé.

A vida acontece em etapas. O ser humano, ao longo de sua existência, vai se desenvolvendo e adquirindo capacidades para aprender e conhecer a realidade. No entanto, para que a educação deste ser humano aconteça ao longo do seu desenvolvimento, é necessário que a mensagem seja adaptada a cada fase da vida.

Não é possível elaborarmos uma catequese com crianças e a aplicarmos com adultos. Cada um tem seu momento específico, pois o ser humano é um ser histórico e inacabado, mas em constante construção, é um ser de muitas possibilidades inserido no contexto do mundo. O educador da fé necessita estabelecer um elo eficaz entre sua pessoa e a mensagem que transmite com a realidade dos catequizandos. Isso exige dele constante atenção e adaptação da Palavra de Deus, levando em conta a idade de cada um, as diversas situações familiares e socioculturais de cada um. As indicações aqui apresentadas ajuda a que a evangelização e o processo de IVC sejam realmente efetivas e afetivas.

2. Educação da fé conforme as idades

Em um primeiro momento devemos nos perguntar: *É possível educar a fé de alguém? Ou educar alguém para a vida de fé?* Aqui temos duas palavras chaves para a nossa ação evangelizadora de catequista: **Educação** e **Fé**. Vamos buscar entender o que significam.

2.1 Educação

É muito interessante percebemos que a palavra Educação está ligada com pedagogo, discípulo, instrução, pois fazem parte de um mesmo campo lexical, pois todas têm algo em comum. Há traços sêmicos envolvendo cada um destes vocábulos.

Educação vem do verbo latino *educare*, que deriva da expressão *ex-dúcere*. Nele, temos o prefixo *ex* e o verbo – *ducare* – *dúcere*. No latim, *dúcere* se prende à raiz indo-europeia DUK-, grau zero da raiz DEUK, cuja acepção primitiva era levar, conduzir, guiar. *Educare*, no latim, tem o sentido de conduzir para fora, criar (uma criança), nutrir, fazer crescer. Etimologicamente, educação significa, portanto, trazer à luz e desenvolver as potencialidades que a pessoa já tem em si desde o momento em que foi concebida.

2.2 Fé

O termo fé provém de *fides* em latim que, no Grego, se traduz por *pistis*, com o sentido de convicção firme de que algo é verdadeiro, mesmo que não tenha qualquer tipo de prova ou critério objetivo de verificação, mas únicamente pela absoluta confiança que se deposita na fonte de transmissão ou na ideia ou proposta em si. Em hebraico se expressa pelo termo *he' emîn* da raiz *aman*, que indica que crer, isto é, sentir-se seguro, confiar em, apoiar-se em, com a solidez de uma rocha. Na Sagrada Escritura a fé é entendida como adesão total a uma pessoa, a uma verdade, que envolve a pessoa toda.

A fé se apresenta como entrega religiosa de toda a pessoa e não simplesmente adesão intelectual ou obediência moral, respondendo à natureza dinâmica, vital e pessoal da Palavra de Deus.[138]

---

[138] ALBERICH, Emílio. *Catequese Evangelizadora. Manual de Catequética Fundamental.* São Paulo: Salesiana, 2004, p.157.

No sentido cristão, porém, a fé de uma pessoa que abraçou a vida segundo Jesus Cristo, portanto, que vivenciou um processo de conversão não se reduz a uma adesão a verdades dogmáticas apenas. A fé é a base de um apelo, um chamado pessoal de Deus e consequente resposta humana; é um acontecimento que concerne à pessoa toda e lhe permite entrar no universo da Aliança com Deus; é um encontro primeiramente pessoal e, depois, comunitário com Jesus Cristo, reconhecido como o Deus que vem, que salva e que congrega e envia.

Na catequese, porém, é preciso pensar em uma educação da fé que seja libertadora, que ajude o catequizando a pensar sobre a vida no seu todo, envolvendo a realidade, a cultura, ou seja, uma educação da fé que ajude a pensar problematizando o conhecimento, promovendo assim a autonomia e a formação da consciência crítica, visando a transformação pessoal e social. O catequista também não pode ter a pretensão de apenas ser o educador, mas ao mesmo tempo alguém que ajuda o catequizando a fazer a experiência de fé através do seu testemunho de vida. A educação da fé não acontece sozinha e isolada, mas em comunhão com as pastorais, movimentos, grupos.

Acima de tudo a fé é dom e graça de Deus, mas que requer obviamente a resposta livre e generosa da pessoa, como afirma o Diretório Geral para a Catequese de 1997:

> A fé é um dom de Deus. Pode nascer do íntimo do coração humano somente como fruto da graça prévia e adjuvante e como resposta, completamente livre, à moção do Espírito Santo, que move o coração e o dirige a Deus, dando-lhe suavidade no consentir e crer na verdade. (DGC, n. 55)

A educação da fé, na IVC, na catequese, tem a missão de ajudar no processo de humanização do homem e da mulher, sonhando na transformação social. Neste sentido ressaltamos a importância e a necessidade da catequese para as diferentes idades que

> é a exigência essencial para a comunidade cristã. Por um lado, de fato, a fé participa do desenvolvimento da pessoa; por outro lado, cada fase da vida é exposta ao desafio da descristianização e deve, acima de tudo, aceitar como um desafio, as tarefas sempre novas da vocação cristã. (DGC, n.171; DNC, n.180)

Ao se falar desta regra psicopedagógica do adaptar-se a capacidade cognitiva e afetiva da pessoa, pensa-se, quase sempre, diretamente na forma de como organizar e realizar o encontro catequético, isto é, na metodologia que a ser adotada. No entanto, a adaptação primeira a ser feita deve levar em consideração, acima de tudo, o desenvolvimento da pessoa como pessoa. E isso precisa acontecer com crianças, com adolescentes, com jovens, com adultos e com pessoa idosa. O primeiro conteúdo é a pessoa a ser conhecida e amada, respeitada e promovida. É o preparar o terreno para acolher a Palavra, segundo ensina o próprio Senhor Jesus. É óbvio que deve haver uma renovação metodológica, mas ela só será fecunda se também o conteúdo for renovado, isto é, adaptado à psicopedagogia de cada idade.

Nos dias atuais, é necessária a catequese continuada e permanente que leve em conta a vida da pessoa, no seu todo. Mas, infelizmente, ainda estamos na catequese fragmentada, acentuadamente infantil, e limitada à recepção de um determinado sacramento. É preciso, também, livrar a catequese deste ranço histórico de doutrinação filosófico-teológico e de sacramentalização, e dar cada vez mais espaço à catequese de inspiração catecumental, à IVC que tem por objetivo facilitar o encontro pessoal com Jesus Cristo, o processo de conversão e formação do verdadeiro discípulo missionário, comprometido com Deus, com a Igreja e com o Reino de Deus.

É preciso pensar nos catequizandos como *interlocutores* de uma mensagem e não como "depósitos" de doutrinas e sacramentos, pois temos que buscar para todas as fases da vida uma catequese que una vida e fé, que parta da existência, da experiência e da realidade, iluminando-as com a Palavra de Deus, a tradição e o magistério e que leve à inserção na Igreja e à missão.

A catequese adaptada à idades, tem a sua originalidade no processo de educação da fé, do amor e da esperança. Falamos em adaptar, portanto, não significa perder a essencialidade da mensagem evangélica e nem deixar de lado valores evangélicos que devem ser dialogados com os interlocutores, para que os assimilem e os passem para a vida.

O Concílio Vaticano II (1962-1965) afirma a necessidade de adaptar a mensagem evangélica às pessoas e culturas. O Catecismo da Igreja Católica (de 1992) indica os aspectos que devem ser levados em consideração no momento de adaptar e contextualizar a síntese orgânica da fé para o Catecismo local. Estas adaptações são exigidas pelas diferenças de culturas, de idades, da vida espiritual, de situações sociais e eclesiais daqueles a quem a catequese é dirigida. Esta maneira apropriada de proclamar a palavra revelada deve permanecer como lei de toda a evangelização. Vale lembrar, também, as indicações do Diretório Geral da Catequese (de 1997), que nos apresentam critérios para que a adaptação do conteúdo-mensagem não perca de vista a originalidade evangélica, levando em conta, além da idade, a realidade na qual os interlocutores estão inseridos.

a) Um Catecismo local deve apresentar a síntese da fé em referência à cultura concreta em que se encontram os catecúmenos e os catequizandos. Incorporará, portanto, todas aquelas expressões originais de vida, de celebração e de pensamento que são cristãos e que nasceram da própria tradição cultural, sendo fruto do trabalho e da inculturação da Igreja local.

b) Um Catecismo local fiel à mensagem e fiel à pessoa humana apresenta o mistério cristão de modo significativo e próximo à psicologia e à mentalidade da idade do destinatário concreto e, consequentemente, em clara referência às experiências fundamentais da sua vida.

c) É preciso cuidar, de modo especial, da forma concreta de viver o fato religioso numa determinada sociedade. Não é a mesma coisa fazer um Catecismo para um ambiente caracterizado pela indiferença religiosa e fazê-lo para outro, cujo contexto é profundamente religioso. A relação fé-ciência deve ser tratada adequadamente na elaboração do Catecismo local.

d) A problemática social circunstante, no que diz respeito aos elementos estruturais (econômicos, políticos, familiares...), é um fator muito importante para contextualizar o Catecismo local. Inspirando-se na Doutrina Social da Igreja, o Catecismo saberá oferecer critérios, motivações e linhas de ação que iluminem a presença cristã em meio a tais problemáticas.

e) Finalmente, a situação eclesial concreta que a Igreja particular vive é, também, um contexto a se considerar no Catecismo local, especialmente as que postulam uma nova evangelização e um cuidado pastoral com acentos mais específicos e determinados (DGC, n.133).

3. Conhecer os interlocutores da catequese

Um dos grandes desafios que temos enfrentado nos encontros de catequese, é o de conhecermos as pessoas a quem vamos transmitir a mensagem do Evangelho, a quem vamos ajudar na educação da fé. A catequese tem procurado atender os mais variados públicos. Somos urgidos a trabalhar a educação da fé desde o ventre materno à pessoa idosa. Durante muito tempo, a catequese se limitou à infância. E, mesmo assim, no horizonte da preparação imediata à Primeira Eucaristia, numa linha quase exclusivamente doutrinária e sacramental. O papel dos pais e da comunidade, apesar de certo esforço para uma visão mais ampla da catequese infantil, é ainda muito restrito. Não se percebeu suficientemente que uma das tarefas essenciais dos pais e da comunidade eclesial é criar ambiente e apoio para que a criança, o adolescente e o jovem caminhem para a maturidade na fé, não parem na recepção dos Sacramentos, mas caminhem para o discipulado missionário (CR n. 131). Isso significa que a catequese deve ser compreendida como processo ou itinerário, caminho que uma pessoa percorre ao longo da sua vida, de sua história, sem ponto de chegada: Tal processo procurará unir fé e vida; dimensão pessoal e dimensão comunitária; instrução doutrinária e educação integral; conversão a Deus e atuação transformadora da realidade; celebração dos mistérios e caminhada com o povo" (CR, n.29).

Para que uma pessoa, criança, adolescente, jovem, adulto ou idoso, possa amadurecer na fé, é preciso que o conteúdo, a mensagem catequética seja adaptada ao desenvolvimento psicológico em que esta pessoa vive.

> No processo ou itinerário de iniciação a pessoa é envolvida inteiramente em todas as esferas e dimensões do ser. O fracasso ou falta de perseverança no caminho da fé se deve, muitas vezes, à falta deste envolvimento total dos iniciandos. Se isso é verdade para crianças e jovens, muito mais o é para os adultos.[139]

Precisamos pensar a catequese como um itinerário no qual, nas diferentes idades, o anúncio de Jesus Cristo e a conversão de vida aconteçam de forma efetiva. Para isto precisamos pensar em um itinerário que seja adequado e personalizado. A catequese, por muito tempo, aconteceu de forma desintegrada, pensando em formar maior número de fiéis para participar dos sacramentos. Por isso, hoje, mais do nunca, afirmamos que precisamos de uma catequese de IVC, portanto, que não tenha como objetivo receber este ou aquele sacramento. Para isso é necessário acontecer um processo bem mais amplo e complexo:

A incorporação do candidato, mediante os três sacramentos da iniciação, no mistério de Cristo, morto e ressuscitado, e na comunidade da Igreja, sacramento de salvação, de tal modo que o iniciado, profundamente transformado e introduzido na nova condição de vida, morra para o pecado e comece uma nova existência de plena realização. Essa inserção e transformação radical, realizada dentro do âmbito de fé da comunidade eclesial, em que o cristão vive e dá sua resposta de fé, exige, por isso mesmo, um processo gradual ou um itinerário catequético que o ajude a amadurecer na fé.[140]

A questão é: como é possível evangelizar uma pessoa sem conhecê-la adequada e profundamente? O que a pessoa é em seu ser? Como se dá a fé na constituição de cada dessa pessoa? Como poderemos educar a fé dos nossos catequizandos?

Estas questões pertinentes nos interpelam a pensar sobre a necessidade de penetrar no mais íntimo de cada pessoa que vem ao nosso encontro, em busca da catequese, às vezes somente para os sacramentos e, em outros casos, em busca de um processo de iniciação na fé. Em nossas comunidades precisamos criar itinerários, percorrer o caminho da evangelização juntos, pois já não são mais destinatários, e sim interlocutores, uma vez que interagem no processo da catequese. Nossas Igrejas particulares, em

---

139 CNBB. *Iniciação à Vida Cristã* (Estudos da CNBB 97), n. 65.
140 CNBB. *Iniciação à Vida Cristã* (Estudos da CNBB 97), n. 60.

todo o Brasil, ao longo de mais de quinhentos anos, de muitas formas, têm convidado e conduzido ao caminho de Jesus. Sabem que o itinerário da IVC inclui sempre:

> o anúncio da Palavra, o acolhimento do Evangelho, que implica a conversão, a profissão de fé, o Batismo, a efusão do Espírito Santo, o acesso à Comunhão Eucarística. (CIgC, n. 1229).

Diante desta reflexão, percebemos que

> ... nossas dioceses têm consciência de que muitos dos itinerários oferecidos aos não batizados são fragmentados. Sabem também que, entre os batizados de várias idades, mesmo entre os que participam da comunidade e dos movimentos, há carência de itinerários de introdução e amadurecimento na fé.[141]

A catequese conforme as idades ajuda a comunidade cristã a bem cumprir sua missão de evangelizar, iniciar na vida cristã, garantir formação continuada, formar lideranças, celebrar e ser missionária. Ao levar em conta os aspectos antropológicos e psicológicos e teológicos, para cada uma das idades, leva também em consideração as circunstâncias nas quais estão inseridas e o caminho já percorrido e o caminho a percorrer. Algo importante também na catequese segundo as idades é a integração das diversas etapas do caminho de fé para que realmente aconteça o processo. Esta integração possibilita à catequese e às demais pastorais da Comunidade um trabalho orgânico que impulsiona efetivamente catequizandos/catecúmenos ao crescimento na fé, ao mesmo tempo em que vão crescendo rumo à maturidade humana e assumindo com liberdade e generosidade a vocação e missão de discípulos/as missionários/as de Jesus Cristo (cf. DNC, n. 180)

4. O catequista educador da fé

O catequista é, no contexto cada vez mais secularizado das famílias e da sociedade contemporânea, o grande animador da educação de seus catequizandos na fé e, também, de suas famílias. Por isso, segundo Puebla, os catequistas devem procurar, como educadores da fé das pessoas e comunidades, empenhar-se numa metodologia que inclua, sob forma de processo permanente, por etapas sucessivas, a conversão, a fé em Cristo, a vida em comunidade, a vida sacramental e o compromisso apostólico (cf. DP, n. 1007).

Ao longo da vida passamos por diversas fases que influenciam decisivamente a nossa existência, a nossa história e o nosso processo de amadurecimento afetivo, psico-

---

141 CNBB. *Iniciação à Vida Cristã* (Estudos da CNBB 97), n. 70.

lógico, social, cultural, político e, também, a nossa vida de fé. É evidente que a fé de uma criança, em sua primeira infância, mais ou menos até os seis anos de vida, é diferente da fé de um adulto de quarenta anos. Consequentemente, caracterizar a situação psicológica e existencial do catequizando é uma necessidade para que os catequistas possam adequar a sua ação catequética, recorrendo, portanto, à psicopedagogia das idades.

Somente compreendendo o momento existencial que nosso catequizando vive é que poderemos ajudá-lo, no processo de amadurecimento da fé e na vivência em comunidade, e assim atingir a finalidade da catequese que

> é aprofundar o primeiro anúncio do Evangelho: levar o catequizando a conhecer, acolher, celebrar e vivenciar o mistério de Deus, manifestado em Jesus Cristo, que nos revela o Pai e nos envia o Espírito Santo. Conduz à entrega do coração a Deus, à comunhão com a Igreja, corpo de Cristo e à participação em sua missão (DNC n. 43).

Portanto, seja qual for a idade da pessoa que nos procure em nossas comunidades, é necessário buscar meios efetivos e afetivos para que a mensagem seja anunciada, de modo eficaz. Precisamos ser capazes de ir ao encontro das pessoas, conhecer suas realidades, seu universo e seus sonhos e fazer-lhe o anúncio de Jesus, como proposta à sua liberdade, ao seu amor, à sua vontade, possibilitando que elas vivam com intensidade o encontro pessoal com Jesus, na comunidade eclesial.

O contexto atual, marcado por mudanças culturais, perda de valores e crise de paradigmas provenientes da fé cristã, atinge de maneira direta os jovens, os adolescentes e as crianças. A Igreja deve, portanto, priorizá-los em sua missão. E este é um importante desafio para ela no presente e no futuro (cf. DNC, n.187)

A catequese conforme às idades deve, portanto, fazer parte da formação de catequistas, pois todas as pessoas vivenciam estágios em suas vidas, cada uma com seus desafios e oportunidades, segundo seu desenvolvimento que devem ser levados em conta no itinerário catequético.

O que apresentamos nesta reflexão são apenas pontos de partida, frutos de nossa experiência como catequistas e com os catequistas, que encontramos em nossa missão. Mas, temos muito que caminhar. Os conteúdos/mensagens da catequese, no sentido de fatos, eventos ou sequências a serem assimilados pelos catequizandos, assim como o processo metodológico, não serão predeterminados, mas dependerão do meio em que eles estão inseridos e das experiências que podem obter sobre tais conteúdos enquanto vivenciam seu itinerário de educação na fé, suas próprias atividades. A seguir apresentaremos alguns aspectos práticos que ajudarão na compreensão das fases da vida e na consequente ação evangelizadora, catequética e formativa.

5. Algumas orientações práticas para a Catequese segundo as idades

5.1 Primeira infância

É a fase em que a criança acorda para o mundo, num ambiente de família. Precisa de muita alegria, afeição e segurança. É a idade das primeiras descobertas: de si mesma, do mundo familiar, do seu corpo e das coisas. É uma fase de total dependência e aprendizado por imitação.

Características:
- imensamente afetiva, precisa de proteção, amor, carinho, apoio, confiança, atenção e segurança;
- bastante possessiva, quer tudo para si e não gosta de repartir;

insegura, dependente e não faz muita diferença entre ela e o mundo que a cerca; muito intuitiva e aprende mais vendo, tocando e fazendo.

Orientações para o catequista:
- a criança nunca deve ser reprimida. Reprimir a criança é impedir que seja ela mesma, é impedir seu desenvolvimento;
- criar em torno da criança um ambiente de segurança, de afeição e de alegria;
- a catequese não será sistemática, mas ocasional. A preocupação do catequista será fundamentar a vida de fé do dia de amanhã, pelo culto a Deus. Dar às crianças a certeza de que são amadas por Deus e levá-las a corresponder a esse amor por uma vida de gratidão e bom comportamento;
- acentuar a oração de louvor, gratidão e admiração.
- Consagrar, todos os dias, algum tempo para a oração sem constrangimento e com alegria. Ex: Deus é grande, fiquemos de joelhos; Deus é bom, vamos louvá-lo e agradecê-lo.

Atividades:

As atividades devem ser todas baseadas nos gestos, na expressão corporal, no desenho espontâneo e na música.

5.2 Segunda Infância

É a fase da curiosidade. É a idade em que a criança precisa ser valorizada e começa a despertar a consciência moral. Vive no mundo da imaginação. A televisão exerce uma grande influência nesta idade.

Características: A criança gosta

- de admirar as coisas, desenhar a natureza e as coisas de que ela gosta, admira e contempla;
- de saber o porquê das coisas. Começa a desenvolver o uso da razão de uma maneira mais acentuada. É a fase da curiosidade;
- de possuir um certo grau de consciência moral e já é capaz de distinguir o bem do mal, o certo do errado;
- de chamar a atenção sobre si;
- de participar de jogos coletivos e de dar ordens;
- de viver no mundo da imaginação e da fantasia.

Orientações para o catequista:

- nunca dizer para uma criança que o trabalho dela está mal feito;
- o catequista deve responder a todas as perguntas que a criança faz, mesmo se for preciso pesquisar e responder depois. Dizer sempre com frases simples e curtas;
- a criança é capaz de permanecer muito tempo em admiração e meditação diante de uma flor. O catequista poderá aproveitar-se disso para levar a criança a admirar a criação de Deus;
- o catequista deve canalizar a agressividade para o bem, para o belo, etc. Aproveitar as energias da criança para as atividades e não castigá-la;
- o catequista deve ser um testemunho para a criança. Aproveitar-se da interiorização da criança para levá-la a pensar, a falar com Cristo em oração.

Atividades:

As atividades devem ser organizadas em equipes, brincadeiras com certas regras que estimulam a liderança.

5.3 Pré-Adolescência

É a fase em que os interesses, energias e atenções estão voltados para o mundo das coisas e das pessoas. É a descoberta do mundo e das pessoas. É também a fase das experiências e atividades. Nesta faixa etária, tanto os meninos quanto as meninas têm uma vontade imensa de se sentirem importantes. É também a fase de grande facilidade de memorização.

Características: o pré-adolescente gosta de

- viver em grupos homogêneos (grupos só de meninos ou só de meninas) mas ainda sem uma liderança definida;
- viver no mundo dos sonhos, das fantasias;
- as meninas procuram fazer-se notar diante dos adultos e provocam os meninos;
- o menino quer ser o "tal", o "forte" e sente-se superior às meninas. É a fase das brutalidades ou indiferença diante delas. Gosta de realizar "grandes inventos";
- tanto os meninos como as meninas têm grande capacidade de memorização;

questionar o que aprendeu na catequese.

Orientações para o catequista:

- nos encontros de catequese, partir do que é concreto;
- o pré-adolescente nesta fase tem necessidade de exteriorizar sua fé; é bom que participe de celebrações litúrgicas;
- é a melhor época para desenvolver o sentimento de comunidade e para lhe dar a ideia de Igreja-Comunidade Unida;
- a oração para essa idade deve ser uma oração voltada para a realidade, com fórmulas simples e espontâneas, partindo sempre do mundo que o cerca.

Atividades:

Já que o pré-adolescente gosta de atividades, deve-se desenvolver o trabalho em grupo, fazendo cartazes, debates, álbuns, etc. Deve-se organizar teatros, dramatizações, celebrações litúrgicas, jograis, interpretações de fatos, encenações, expressão corporal etc.

5.4 Adolescência

É a fase da busca de personalidade, da liberdade, do amor e da realização pessoal. O adolescente gosta de viver em grupos e sente necessidade de se autoafirmar, de amar e ser amado. É a idade das transformações, das grandes mudanças. É inconstante nas atitudes e emoções. Nessa fase (idade), muitos já entram no mundo do trabalho.

Características: o adolescente gosta

- de seguir a moda, de curtir seus heróis, criar ídolos; é muito influenciado pelos meios de comunicação social;
- de ser independente dos adultos e de fazer novas experiências;
- de questionar e criticar as práticas religiosas;
- de viver em grupo onde pode se auto-afirmar;
- de conviver com pessoas do mesmo sexo. É a idade da amizade;
- de ouvir música;
- de ter emoções fortes, sentimentos diferentes. E a idade da grande instabilidade emocional;
- de sonhar, de viver no mundo da fantasia como se fosse realidade. É a chamada idade dos sonhos.

Orientações para o catequista:

- para o adolescente, o catequista é aquele que vai ajudá-lo a resolver os seus conflitos, as suas dúvidas religiosas;
- o catequista deve inspirar-lhe confiança, coragem para que o adolescente se sinta seguro e possa, espontaneamente, abrir-lhe o coração;
- não se pode ter receio de tratar todos os problemas da vida, numa linguagem acessível e numa dimensão de fé;
- o desenvolvimento sexual marca o período com grandes dificuldades para o adolescente. O catequista precisa estar atento e procurar ajudá-lo em suas dificuldades.

Atividades:

As atividades devem ser em grupos, explorando a criatividade, com músicas que apresentem mensagens e exercícios que utilizem a memorização. Daí a facilidade que os adolescentes têm na apresentação de encenações, teatros, etc.

5.5 Juventude

É a fase das primeiras experiências sexuais e a descoberta da vocação pessoal e profissional. Gosta de viver em grupos heterogêneos e, embora viva afastado da Igreja, sente necessidade de íntima relação com Deus. Seus problemas pessoais muitas vezes levam-no a pensar em acabar com a vida. Apesar de toda problemática que enfrenta, mantém a esperança de dias melhores. Tem uma vida emotiva muito rica e é facilmente depressivo ou expansivo. Procura firmar sua identidade e, por isso, é facilmente influenciável pelos outros e pelos Meios de Comunicação Social. Adquire uma grande capacidade de discutir ideias e de se comunicar com os outros.

Características: o jovem gosta
- de curtir a vida, de praticar esportes;
- de ouvir música e dançar;
- de ajudar as pessoas, de sentir-se útil;
- de ser alegre;
- de ser livre e independente;
- de ser romântico, sonhador;
- de ser crítico para com os adultos e de questionar o comportamento deles;
- de apaixonar-se. A jovem gosta de sonhar com o "príncipe encantado";
- de ter amigos e viver em grupos;
- de aparecer.

Orientações para o catequista:
- para o jovem, o catequista é aquele que vai estar ao seu lado para ajudá-lo a enfrentar seus problemas e a entender as suas dúvidas religiosas;
- o catequista deve valorizar o jovem e as suas aptidões;
- o catequista deve ouvir o jovem e orientá-lo sem fazer críticas ao seu comportamento;
- uma das dificuldades do catequista é de orientar os jovens quanto ao desenvolvimento sexual. Quando o catequista tiver dificuldades nessa parte, procure pessoas capacitadas para que falem aos jovens numa linguagem aberta e acessível sobre o assunto;
- o catequista deve respeitar as ideias do jovem, mas sem ter medo de expor suas próprias ideias.

Atividades:

Devem ser feitas em grupos, ajudando os jovens a sentirem-se bem, úteis (através de visitas a asilos, a creches, onde com suas músicas e alegria contagiantes, promovam momentos felizes).

É importante promover gincanas e os brindes arrecadados serem entregues para alguma obra de assistência social.

Abrir espaços para que o jovem possa atuar na vida da comunidade. As celebrações litúrgicas são muito importantes na vida dos jovens, principalmente quando preparadas por eles mesmos.

5.6 Adulto

É um dos mais extensos estágios psicossociais do ser humano e resume-se no conflito entre educar, cuidar do futuro, criar e preocupar-se exclusivamente com os seus interesses e necessidades. A questão chave nesta idade pode formular-se de várias formas: "Serei bem sucedido na minha vida afetiva e profissional?"; "Produzirei algo com verdadeiro valor?"; "Conseguirei contribuir para melhorar a vida dos outros?".

Esta fase apresenta possibilidades para a pessoa ser criativa e produtiva em diversas áreas da vida. Bem mais do que educar e criar os filhos representa uma preocupação com o contentamento das gerações seguintes, uma descentração e expansão do Ego empenhado em converter o mundo num lugar melhor para viver, como tal, a generatividade representa o desejo de realizar algo que perdure para além da vida.

Se o desenvolvimento e descentração do Ego não ocorre, ou seja, se se dá o fracasso na expansão da generatividade, o indivíduo pode estagnar, preocupar-se quase unicamente com o seu bem-estar e a posse de bens materiais. O egocentrismo pode ser sinônimo de ineficácia e de decadência vital precoce. O egocêntrico fecha-se nas suas ambições e pouco ou nada dá de si aos outros.

Características:

- Potencial e maturidade para a paternidade/maternidade.
- produção, ensino, cura, criatividade.
- escolha de valores ideais para a vida.
- a virtude própria deste estágio é o cuidado, a inquietação com os outros, o querer fazer algo por alguém.

Orientações para o catequista:

A catequese com adultos tem como missão:

a) Reforçar a opção pessoal por Jesus Cristo;

b) promover uma sólida formação dos leigos, levando em consideração o amadurecimento da vida no Espírito do Cristo Ressuscitado;

c) estimular e educar para a prática da caridade, na solidariedade e na transformação da realidade, julgando com objetividade e à luz da fé as mudanças socioculturais da sociedade;

d) ajudar a viver a vida da graça, alimentada pela Palavra de Deus, pelos sacramentos e pela participação na vida da comunidade eclesial;

e) formar cada pessoa para cumprir os deveres do próprio estado de vida, buscando a santidade;

f) dar resposta às dúvidas religiosas e morais de hoje;

g) desenvolver os fundamentos da fé, que permitam dar razão da esperança;

h) educar para viver em comunidade e assumir responsabilidades na missão da Igreja, dando testemunho cristão na sociedade;

i) educar para o diálogo ecumênico e inter-religioso, como instrumentos para a busca da unidade cristã e da paz entre os filhos de Deus;

j) ajudar na animação missionária além fronteira (cf. DNC, n. 183).

Atividades:

a) Levar em conta problemas e experiências dos adultos; suas capacidades espirituais e culturais;

b) motivá-los para a vivência da fé em comunidade, para que ela seja lugar de acolhida e ajuda;

c) fazer um projeto orgânico de pastoral com os adultos que integre catequese, Liturgia e os serviços da caridade (cf. DGC, n. 174).

5.7 Idosos

Esta fase da vida frequentemente, a partir dos 60-65 anos, é marcada por um olhar retrospectivo, que faz com que, ao aproximar-nos do final da vida, sintamos a necessidade de aquilatar o que dela fizemos, revendo escolhas, realizações, opções e fracassos. A principal questão é esta: *"Teve a minha vida sentido ou falhei?"*.

Muitos tomam consciência de que a vida, até ali, valeu, teve sentido e, também, que fez o melhor possível, dadas às circunstâncias, oportunidades e às suas capacidades. Consegue reconciliar-se consigo mesma, diante de alguma mágoa e a angústia do passado, e encara a existência e o futuro de modo positivo.

Se a avaliação do passado e mesmo do presente é negativa, se tem a sensação de não ter aproveitado bem o tempo e não ter realizado com êxito o que se pretendia, corre-se o risco do desgosto, da angústia e do pânico da morte. Mas, na maioria dos casos, o idoso pode desenvolver uma forte reação à negatividade e dar-se uma chance de superar tudo e passar a aproveitar as oportunidades que surgem, reformular opções e projetos.

Características:

- Olhar retrospectivo para a vida;
- da realização ou da angústia pela não realização; sentimento de culpa;
- processo de integração e equilíbrio de si mesmo se conseguiu viver bem as experiências da vida;
- a **sabedoria** é uma das virtudes desta última fase da vida, com a percepção de que não vivemos em vão. Assimilamos experiências profundas que ajudam a fazer síntese do caminho percorrido.

Orientações para o catequista: (DNC n. 185-186)

a) Destacar o valor da pessoa idosa como um dom de Deus à Igreja, à sociedade e à família, pela sua grande experiência de vida.

b) Descobrir e desenvolver talentos e possibilidades nos idosos também é função da catequese.

c) A catequese com pessoas idosas deve estar atenta aos aspectos particulares de sua situação de fé.

d) A catequese deve motivar e preparar os idosos para assumirem a missão que lhes cabe na família, na comunidade, no mundo, especialmente, com as novas gerações.

Atividades:

A condição de idoso exige uma catequese da esperança, que os leve a viver bem esta fase da vida, a dar o testemunho às novas gerações e assim se prepararem para o encontro definitivo com Deus. Uma das tarefas fundamentais da catequese é ajudar os idosos a realizar a reconciliação consigo, com outro e com Deus.

A catequese perpassa todas as idades do ser humano, iluminando-as com a força evangelizadora do Querigma e valorizando, pela fé, as riquezas e oportunidades de cada etapa da vida. É evidente, portanto, que na preparação de Catequistas e Agentes de Pastoral, esteja presente o estudo das fases da vida (as idades), o conhecimento das pessoas. A situação existencial de cada pessoa é fonte de aprendizado contínuo que nos interpela a evangelizar com docilidade, sabedoria, espontaneidade, criatividade e acima de tudo, ternura. Com este cuidado com o ser humano podemos melhorar e muito a organização e, sobretudo, a execução de um itinerário de IVC visando a formação dos discipulados missionários de forma eficiente e eficaz.

9

Museu Sagrada Família: Catequese e Arte

Diálogo entre educação da fé e arte

Pe. Jordélio Siles Ledo, CSS *

---

* **Pe. Jordélio Siles Ledo**, é estigmatino, assessor da comissão pastoral para animação bíblico-catequética do regional Sul I da CNBB para a catequese junto à pessoa com deficiência, assistente eclesiástico para a IVC na região Episcopal Belém na Arquidiocese de São Paulo, vice presidente da SBCat, mestre em Teologia Pastoral. Atualmente é doutorando em Teologia. Especialista em História da Arte e Pedagogia Catequética, Fundador do Museu Sagrada Família-Catequese e Arte. Vigário Provincial e pároco da Paróquia Nossa Senhora do Bom Conselho em São Paulo/SP.

Introdução

Comecemos essa reflexão com um apelo feito pelo Papa São João Paulo II aos artistas:

> Com esta Carta dirijo-me a vós, artistas do mundo inteiro, para vos confirmar a minha estima e contribuir para o restabelecimento duma cooperação mais profícua entre a arte e a Igreja. Convido-vos a descobrir a profundeza da dimensão espiritual e religiosa que sempre caracterizou a arte nas suas formas expressivas mais nobres. Nesta perspectiva, faço-vos um apelo a vós, artistas da palavra escrita e oral, do teatro e da música, das artes plásticas e das mais modernas tecnologias de comunicação. Este apelo, dirijo-o de modo especial a vós, artistas cristãos: a cada um queria recordar que a aliança que sempre vigorou entre Evangelho e arte, independentemente das exigências funcionais, implica o convite a penetrar, pela intuição criativa, no mistério de Deus encarnado e contemporaneamente no mistério do homem.[142]

Cada ser humano é, de certo modo, um desconhecido para si mesmo. Por isso, nos propomos neste texto a refletir sobre o Museu Sagrada Família como espaço de diálogo entre educação da fé e arte, através de um itinerário que proporcione o encontro com o ser mais profundo, com o outro, com Deus e o mundo. O Museu[143] só será um espaço sócio transformador se proporcionar esse encontro. Para isso é preciso sair da esfera tradicional de mera reflexão sobre a arte e entrar num verdadeiro diálogo que o leve a inverter papéis e purificar o olhar para ver a partir da arte e não de si mesmo, ampliando nosso conceito de museu.

Somos chamados a ajudar na obra da criação através da arte e da educação da fé. Mais do que construir um Museu para guardar coisas, queremos ser protagonistas da fé e da arte. Uma fé que se sustenta na Beleza, na arte, na catequese, no diálogo, na transformação de cada ser humano. A arte tem a capacidade de penetrar na alma do tempo, da história e da vida das pessoas. A arte não é morta, a fé não está morta. Ambas criam entre si um diálogo profundo capaz de transformar a morte em vida, a dor em amor, a tristeza em alegria, a guerra em paz. Cria-se, portanto um diálogo que aponta para novos caminhos.

---

142 J. PAULO II. *Carta aos artistas*. São Paulo, 1999, n. 12.

143 O Museu fica aberto de quinta à sábado das 10h às 16h. Endereço: Praça Cardeal Arco Verde s/n – Centro, São Caetano do Sul/SP. Para agendamento de grupos: [11] 4224-2587 e [11] 94849-6462. museucatequeseearte@yahoo.com.br.

A catequese, tem necessidades de arte, de artistas que ajudem nos processos de educação da fé e no testemunho da beleza do Evangelho nos vários cenários da evangelização. O catequista precisa visitar a arte. Encontrar, passo a passo, a Beleza e mergulhar no Mistério entendendo que a arte sacra nos proporciona uma experiência de fé que leva ao discipulado em várias fases da vida. Pois,

> "cabe também às Igrejas da América Latina e do Caribe criar oportunidades para o uso da arte na catequese de crianças, adolescentes e adultos assim como nas diferentes pastorais da Igreja. É necessário também que as ações da Igreja nesse campo sejam acompanhadas pelo melhoramento técnico e profissional exigido pela própria expressão artística. Por outro lado, é também necessário a formação de uma consciência crítica que permita julgar, com critérios objetivos, a qualidade artística do que realizamos."[144]

Pretendemos neste texto, possibilitar um diálogo entre educação da fé e arte, apresentando o Museu Sagrada Família como espaço onde a arte e a fé se encontram, a partir de um itinerário que se percorre. Contudo, o diálogo exige compreensão de conceitos como: educação da fé, itinerário catequético, arte sacra, Querigma, Catecumenato, purificação, iluminação e mistagogia. É a partir desses conceitos que pretendemos conduzir nossa reflexão.

1. A arte sacra educa a fé e conduz ao Mistério

Na medida em que se caminha para a reflexão da arte sacra e sua importância na educação da fé, é preciso entender que sua missão é nos colocar na presença de algo que está para além de nós mesmos e totalmente presente. É preciso nos introduzir ao Mistério. O Catecismo da Igreja Católica assim se refere à arte sacra:

> A arte sacra é verdadeira e bela quando corresponde, por sua forma, à sua vocação própria: evocar e glorificar, na fé e na adoração, o Mistério transcendente de Deus, beleza excelsa e invisível de verdade e amor, revelada em Cristo, "resplendor de sua glória, expressão de seu Ser" (Hb 1,3), em quem "habita corporalmente toda a plenitude da divindade" (Cl 2,9), beleza espiritual refletida na Santíssima Virgem Maria, Mãe de Deus, nos anjos e santos. A arte sacra verdadeira leva o homem à adoração, à oração e ao amor de Deus Criador e Salvador, Santo e Santificador.[145]

Para que a arte sacra nos conduza ao Mistério, precisa fazer uma opção pela simplicidade. Essa nobre simplicidade significa acolher novamente os seres como são: pe-

---
144 CELAM. *Documento de Aparecida,* n. 499.
145 CATECISMO DA IGREJA CATÓLICA. São Paulo: Loyola, 1999[10], n. 2502.

dra é pedra, madeira é madeira, flor é flor, etc., sem ficar maquinando muito além dos elementos da vida. Hoje, parece que nosso mundo é apresentado como que descartável: há um grande espírito de utilitarismo. Quando não há um acolhimento do Mistério: os homens não acolhem os elementos da natureza como sacrais, mas os utilizam para uso próprio, para produção, para corrupção. A proposta aqui é de ter a arte sacra como acolhida do Mistério em nós. Diante dela o homem emudece, se cala e entra numa profunda relação que o leva à plenitude e à abertura para a criatividade e espontaneidade.

> Há outro importante dado: nós não pegamos o Mistério. Ninguém pode se apropriar da beleza. O Mistério se manifesta, e o máximo que podemos fazer é contemplá-lo, admirá-lo, maravilhar-se com ele, e, ao fazer isso, somos educados a viver na caridade, no amor, na partilha, na comunhão; a partir de um viver na presença do Absoluto, essas realidades se concretizam na vida do crente. Vivendo na presença de Deus, pouco a pouco passamos a refletir sua imagem no mundo, sua presença entre nós.[146]

Sabemos que a arte sacra como meio permanente de educação da fé, precisa de um itinerário para alcançar seus objetivos. A arte sacra tem por vocação ajudar os interlocutores a abrir os olhos, os ouvidos e o coração para ir ao encontro de Jesus Cristo e acolher a realidade concreta de cada pessoa. A arte sacra não é apenas uma fonte de conhecimento, mas sim um meio de transmitir experiências de vida, permitindo que os interlocutores, a partir de testemunhos vitais, assumam livremente um compromisso com a comunidade à qual pertencem, a partir de encontros celebrativos e orantes. A arte sacra tem por vocação, conduzir ao mistério. Ela é portanto, mistagógica. Segundo o beneditino alemão Dom Odo Casel, o termo *mysterión*, em grego:

> não significa tão somente um ensinamento escondido e misterioso das coisas divinas [...]. Na linguagem paulina, *mysterión* significa, acima de tudo, uma ação divina, o cumprimento de um desejo eterno de Deus por uma ação que procede da eternidade de Deus, a qual se realiza no tempo e no mundo e tem fim último no próprio Eterno. Este *mysterión* pode ser enunciado na única palavra Christus, designando ao mesmo tempo a pessoa do Salvador e seu Corpo místico, que é a Igreja.[147]

O termo *mistagógico* faz parte da Iniciação Cristã, como um itinerário formado por tempos, etapas. Os Padres Gregos utilizaram os termos Mistério[148], Mistagogia e

---

[146] MARIANI, Ceci Baptista, Maria Angela Vilhena (orgs). *Teologia e arte. Expressões de transcendência, caminhos de renovação*. São Paulo, 2011. p. 43

[147] CASEL, Dom Odo. *O mistério do culto no cristianismo*. São Paulo, 2009, p.22.

[148] Mysterion vem da língua grega do verbo mue,w[myein] que significa: cerrar os lábios, fechar a boca, manter segredo, *iniciar a*o mistério. Ser iniciado, é vislumbrar com o segredo *do* mistério.

Mistagogo,[149] para se referir à Iniciação Cristã. A Mistagogia é vista como processo que conduz ao Mistério que, na Iniciação Cristã, é o próprio Cristo. A Mistagogia tem, por outro lado, um componente social, pois supõe que alguém ou um grupo conduza o Neófito para o Mistério.[150]

O processo de amadurecimento da fé dar-se-á nos diversos campos da evangelização e, também inclui a interação entre arte sacra e catequese ao logo do caminho da maturação da fé. Este itinerário há que conduzir o interlocutor à experiência da fé em Jesus Cristo. Por isso, a arte sacra é mistagógica. Isto é, tem a missão dupla: transmitir o ensinamento e conduzir o mistério da fé.

> A partir da Encarnação, os cristãos sabem que Deus não fica no mundo das ideias, distante dos homens. O sagrado é mais humano que nós mesmos. Assim, enquanto procuramos nos expressar por ideias, falar através de enigmas, o Mistério se expressa através das coisas, na simplicidade do corpo humano, da água, dos outros elementos da natureza. Se somos imagem e semelhança do Criador (cf. Gn 1,26), então, em tudo Deus está e se "esconde".[151]

A arte como expressão da experiência espiritual é o resultado da autocompreensão humana como ser religioso que anseia pelo Eterno, ou seja, está aberto a uma realidade transcendente. A arte sacra se manifesta, também, em imagens que nos colocam diante de uma presença. Essa presença, afirma a teologia cristã, é a condição a nós oferecida gratuitamente para que possamos optar pela abertura ao infinito.

> O movimento da transcendência não é o sujeito a criar e constituir o seu próprio espaço ilimitado, como se tivesse poder absoluto sobre o ser; antes, consiste no surgir espontâneo do horizonte infinito do ser. Onde quer que o homem se experimente em sua transcendência como interrogante e como inquietado por esse surgir do ser, como exposto ao inefável, não pode conceber-se como sujeito absoluto, mas somente no sentido de alguém que recebe o ser e, em última instância, graça. "Graça", na presente referência, significa a liberdade do fundamento do ser, que dá ser ao homem, liberdade que o homem faz em sua finitude e contingência, e significa também o que denominamos "graça" em sentido teológico mais estrito.[152]

---

149 Os termos mustagwge,w (mystagôgéô) e mustagwgia (mystagôgia) possuem sua origem nos rituais pagãos; indicavam o culto aos mistérios pagãos com uma prévia iniciação. Aparecem sempre relacionados a contextos sagrados e em estreita conexão com *mysterion, mystikos* e *mystes*. Ao usarem esta terminologia, os Padres da Igreja reconhecem o quanto são significativos e expressivos para designarem o processo da Iniciação Cristã e, passam a utilizá-los de acordo com os fundamentos teológicos do Cristianismo. (Cf. FEDERICI, T. La mistagogia dela Chiesa, p. 181 e MAZZA, E. *La Mistagogia. Una Teologia della Liturgia in época patristica*. Roma: EdizioniLiturgiche, 1988, p. 13. Ibidem. COSTA, Rosemary Fernandes da. *A mistagogia e a iniciação cristã de adultos*, p. 119.)

150 Cf. TABORDA, F. *Nas fontes da vida cristã*. São Paulo, 2001, p. 32.

151 MARIANI, Ceci Baptista/VILHENA, Maria Ângela (orgs). *Teologia e arte. Expressões de transcendência, caminhos de renovação*. São Paulo, 2011, p. 42

152 RAHNER, Karl. *Curso fundamental da fé*. São Paulo, 1989, p.49.

A partir da Encarnação, os cristãos sabem que Deus não fica no mundo das ideias, distante dos homens. O sagrado é mais humano que nós mesmos. Assim, enquanto procuramos nos expressar por ideias, falar através de enigmas, o Mistério se expressa através das coisas, na simplicidade do corpo humano, da água, dos outros elementos da natureza. Se somos imagem e semelhando do Criador (cf. Gn 1,26), então, em tudo Deus está e se "esconde".

O homem pode se servir da arte sagrada para educar sua sensibilidade, estando cada vez mais aberto, em todos os seus sentidos, para acolher o Mistério e torná-lo presente e atuante em sua própria vida. De fato, um simples gesto nosso pode falar tudo como pode desmentir tudo. Não adianta termos um discurso perfeito, ser ele retoricamente bem acabado ou a própria mensagem ser verdadeira se, de repente, com um gesto, ou com uma imagem, podemos desdizer tudo. Seria como dizer "eu amo a Deus", mas na prática fazermos o contrário.

A arte sacra deve despertar em nós o desejo de nos configurarmos ao Filho de Deus. O Pai só ouve seu Filho, e há de nos ouvir quando em nossos rostos encontrar o rosto de seu Filho amado. Essa transformação interior e progressiva (como podemos ler em 2Cor 3,18) encontrará sua plenitude na vida eterna. A arte pode nos levar e nos ajudar a entrever essa vida em plenitude.

Portanto, assumindo a identidade mistagógica, a arte sacra nos abre ao diálogo, com maturidade e convicção, a partir de itinerários de fé que conduzam ao mistério, celebrando e integrando fé e vida nos atraindo cada vez mais para Deus através da beleza. Pois, muitas vezes, ao longo da história, os crentes se supervalorizavam, não dando espaço para que o Mistério se manifeste. O Mistério é suficientemente belo em si, e a ele nada conseguimos acrescentar.

2. O Museu Sagrada Família, um espaço de diálogo entre Educação da Fé e Arte

São muitos os apelos da Igreja que, peregrina pelo mundo, deseja continuar sua missão de anunciar o Evangelho. É em atenção a este apelo que, revitalizando nossos espaços do templo, criamos o Museu Sagrada Família, na Paróquia Sagrada Família, na cidade de São Caetano do Sul, no Estado de São Paulo. Ao iniciar o projeto do Museu, voltamos nossa atenção para o interior de nós mesmos, das nossas histórias de vida/fé. Mas, também, para o interior da nossa igreja paroquial, reconhecendo e acolhendo todas as suas expressões de arte e catequese. Olhamos para o bairro e cidade, onde estamos inseridos, procurando compreender os desafios do anúncio do Evangelho no centro urbano e olhamos ainda para todas as pessoas, que buscam preencher o vazio existencial através de expressões de arte e Beleza, que lhes apresentem um conteúdo de fé proporcionando-lhes o encontro com a pessoa de Jesus Cristo.

> A vida nova de Jesus Cristo atinge o ser humano por inteiro e desenvolve em plenitude a existência humana em sua dimensão pessoal, familiar, social e cultural.[153]

Apresentar Jesus Cristo como centro e fundamento do projeto Museu Sagrada Família é uma forma de compreender que a partir de Cristo queremos acolher a pessoa por inteiro. Estamos convencidos de que catequese e arte que não pensa a pessoa na sua inteireza, torna-se fragmentada e não atinge os objetivos da evangelização.

A partir da mensagem de Jesus Cristo, o Museu Sagrada Família, se propõe a refletir através das várias expressões artísticas, os métodos e conteúdos da fé cristã com o desejo de contribuir, de forma criativa, na formação de catequistas e na educação da fé de gestantes, crianças, adolescentes, jovens, adultos e idosos. O Museu Sagrada Família em sua origem entende que a fé precisa ser educada em todas as fases da vida.

> Há uma necessidade real de uma catequese continuada, permanente, que leve em conta toda a vida da pessoa; no entanto, ainda encontramos uma catequese fragmentada em busca apenas dos sacramentos. É preciso urgentemente, tirar da mensagem da catequese este ranço da história que pensa em catequizar como doutrinar; e queremos pessoas convictas de uma mensagem, e apaixonadas por Jesus.[154]

Vivemos num mundo em que se distancia cada vez mais da Beleza, da arte. Por isso, o diálogo entre educação da fé e arte se faz necessário, pois a arte nos humaniza, gera a paz, desperta para a criação; faz do ser humano co-criador, artista, protagonista da história. E, muitas vezes a obra de arte é manifestação da fé de uma pessoa, de um grupo, de um povo, de uma religião.

> Toda a forma autêntica de arte é, a seu modo, um caminho de acesso à realidade mais profunda do homem e do mundo. E, como tal, constitui um meio muito válido de aproximação ao horizonte da fé, onde a existência humana encontra a sua plena interpretação. Por isso é que a plenitude evangélica da verdade não podia deixar de suscitar, logo desde os primór-

---

153 CELAM. *Documento de Aparecida,* n. 356.
154 CALANDRO, E; LEDO, J. *Psicopedagogia Catequética. Reflexões e vivências para a catequese conforme as idades* – Vol. I. São Paulo, 2010, p. 35.

dios, o interesse dos artistas, sensíveis por natureza a todas as manifestações da beleza íntima da realidade.[155]

A linguagem da fé e da arte é universal. Ao cristão de hoje cabe a missão de utilizar essa linguagem para anunciar a Boa Nova do Evangelho. O anúncio do Evangelho nos pede, em época de mudança, criatividade, audácia, coragem. Se os meios que utilizamos já não funcionam por que não, retomar o diálogo com a arte, usada pala Igreja por tantos séculos, para educar ou reeducar á fé daqueles que foram batizados e não fizeram uma experiência profunda da vida cristã?

Pensamos a arquitetura do Museu Sagrada Família, como um itinerário a ser percorrido a partir dos quatro tempos da IVC: *querigma, catecumenato, purificação-iluminação e mistagogia*. Ao percorrer os espaços do Museu desejamos que o visitante retome os temas da fé/vida percorrendo um itinerário que vai acontecendo ao redor da Igreja Matriz.

> Com desafios e exigências, abre-se passagem para um novo período da história, caracterizado pela desordem generalizada que se propaga por novas turbulências sociais e políticas, pela difusão de uma cultura distante e hostil à tradição cristã e pela emergência de variadas ofertas religiosas que tratam de responder, à sua maneira, à sede de Deus que nossos povos manifestam.[156]

Pensar um Museu que possa se tornar um novo areópago, um espaço de evangelização para a Igreja, num mundo em mudanças, é um grande desafio. Primeiro, porque em nossa cultura não se tem o hábito de visitar museus. Muitos têm uma visão preconceituosa e sequer frequentaram espaços dessa natureza. Outro fator importante é que o homem contemporâneo tem se distanciado da arte sacra ou religiosa. Não podemos nos esquecer, porém, de que *as raízes católicas permanecem na arte, linguagem, tradições e estilo de vida do povo, ao mesmo tempo dramático e festivo e no enfrentamento da realidade*.[157] Assim, um Museu que ajude a manter viva essa cultura estará contribuindo no conhecimento da mensagem cristã através da arte e da catequese.

Um mundo com mudanças tão rápidas, pode se tornar agressivo, desumano por não possibilitar a cada pessoa um tempo para organizar, refletir e sentir a própria vida. O Museu Sagrada Família assume desde sua origem, a missão de ser para o homem e a mulher de hoje, um lugar de acolhida; não pode ser um espaço que exclui, mas que acolhe e inclui, cada visitante, na vida e na história.

---

155 J. PAULO II. *Carta aos artistas*, n.06.
156 CELAM. *Documento de Aparecida*, n. 10.
157 CELAM. *Documento de Aparecida*, n. 07.

Esta nova escala mundial do fenômeno humano traz consequências em todos os campos de atividade da vida social, impactando a cultura, a economia, a política, as ciências, a educação, o esporte, as artes e, também, naturalmente, a religião. Interessam-nos, como pastores da Igreja, saber como este fenômeno afeta a vida de nossos povos e o sentido religioso e ético de nossos irmãos que buscam infatigavelmente o rosto de Deus, e que, no entanto, devem fazê-lo, agora desafiados por novas linguagens do domínio técnico, que nem sempre revelam, mas que também ocultam o sentido divino da vida humana redimida em Cristo. Sem uma clara percepção do mistério do Deus, o desígnio amoroso e paternal de uma vida digna para todos os seres humanos torna-se opaco também[158]

No cenário urbano onde se localiza, o Museu quer abrir as portas para uma nova forma de evangelizar e fazer pastoral. Aproveitando a arte existente na Matriz Sagrada Família, o Museu tem a missão de contribuir na ação pastoral da Igreja acolhendo os anseios dos seus visitantes. Precisa assumir a missão de ser a casa da acolhida, onde cada um sinta-se integrado e acolhido. É acolhendo o outro, que nos colocamos a serviço da vida e anunciamos o Evangelho. Na cidade, com tantas diversidades, as pessoas nem sempre identificam pastores capazes de conduzi-las, e, por isso, é preciso que o Museu apresente-se como amigo que acolhe, dialoga e aponta caminhos de fé/vida que favoreçam a inserção daqueles que anseiam por pertencer a uma comunidade cristã católica.

3. Os espaços do Museu: Um itinerário a percorrer

Situado num ambiente urbano com tantos desafios, o Museu Sagrada Família deseja apresentar um caminho que responda aos grandes desafios da evangelização nos dias de hoje. A intenção é que o Museu seja um espaço para evangelizar num mundo em constante mudança, apresentando um caminho a partir do diálogo entre educação da fé e arte. Desta forma em sua origem, o Museu foi projetado seguindo um itinerário que propõe ajudar na educação da fé.

Ao entrar o visitante passa pela experiência do Querigma. Ao percorrer galerias e biblioteca, o visitante terá a possibilidade de aprofundar temas da vida/fé através da arte e do caminho percorrido. O seu caminho se encerra quando adentra o espaço litúrgico/mistagógico onde a comunidade celebra a fé cristã. Todo o caminho é feito ao redor do espaço central onde celebramos nossa fé. O que queremos dizer, é que todo o itinerário

---

[158] CELAM. *Documento de Aparecida*, n. 35.

deve ocorrer ao redor da pessoa de Jesus Cristo, centro da fé cristã. Desta forma, desejamos que o Museu seja um lugar de educação da fé.

O Museu Sagrada Família é um espaço de diálogo entre educação da fé e arte. A fé precisa de espaços concretos de manifestação da Beleza. A catequese, por sua vez, tem a missão de educar a fé, desta forma a arte como expressão da alma humana é mediadora na ação catequética.

> Compreende-se, assim, porque a Igreja está especialmente interessada no diálogo com a arte e quer que se realize na nossa época uma nova aliança com os artistas, como o dizia o meu venerando predecessor Paulo VI no seu discurso veemente aos artistas, durante um encontro especial na Capela Sistina a 7 de maio de 1964. A Igreja espera dessa colaboração uma renovada "epifania" de beleza para o nosso tempo e respostas adequadas às exigências próprias da comunidade cristã.[159]

O Museu Sagrada Família é um espaço poético, lugar onde a criatividade e espontaneidade encontram oportunidade para expressar-se. A poesia exige descanso, silêncio, contemplação, experiências profundas. É através da Beleza que a pessoa traduz, de forma poética, os sentimentos mais profundos de sua alma. Como espaço poético, mistagógico, orante, o Museu é o lugar da criatividade. É o lugar do lúdico, onde cada um precisa brincar de viver ou viver intensamente explorando todos os sentidos, tirando todas as amarras e deixando que a vida o conduza. Precisamos ser criativos e entender que não existe criatividade sem erro. A fé exige de nós criatividade, ela nos leva a correr o risco de perdermos a vida para reencontrá-la.

O Museu é uma porta que se abre para nos conduzir ao santuário da vida, das reflexões mais profundas sobre arte, Beleza, fé, catequese, educação. É uma porta que nos conduz a ambientes capazes de iluminar nossa alma e nos ajudar a parir nós mesmos. Pois, nascemos e morremos a cada dia. O itinerário de educação da fé é uma prática cristã católica que se divide em tempos, fases e celebrações. O Museu foi organizado a partir dos quatro tempos do itinerário catequético:

a) *Querigma* (Capela Sagrados Estigmas de Nosso Senhor Jesus Cristo): Onde o iniciante é convidado a despertar para uma primeira aproximação e encantamento com a Pessoa de Jesus Cristo. Tempo que precede o processo de educação da fé.

b) *Catecumenato* (Galeria 1 *Pe. Alexandre Grigolli;* Galeria 2 São José de Anchieta; Galéria 3 Cláudio Pastro): Tempo mais longo no processo de educação da fé. Dedicado ao aprofundamento, ensino e reflexão dos conteúdos da fé cristã

---
[159] J. PAULO II. *Carta aos artistas,* n.10.

através de várias expressões artísticas. Este tempo está estruturado em fases, celebrações e eixos temáticos. Nele, o visitante, catecúmeno ou catequizando, é convidado a conhecer e experimentar os principais aspectos da fé cristã através de exposições temporárias.

c) *Purificação e Iluminação* (Espaço *Psicopedagogia Catequética*): É o terceiro tempo. Nele o catequizando, já introduzido na experiência cristã e desejando tornar-se discípulo, é eleito pela comunidade eclesial para a iniciação sacramental. O eleito fará uma experiência de amadurecimento espiritual cuja finalidade é iluminar e purificar a mente e o coração para a experiência do Mistério Pascal através dos sacramentos. O espaço do Museu dedicado a este tempo, apresenta um grande mosaico que reflete os estágios da fé ao longo da vida, envolvidos nos sacramentos da Iniciação Cristã (Batismo, Crisma e Eucaristia).

d) *Mistagogia* (Galeria Irmãos Gentilli – Coro-Igreja): É o quarto tempo. É o tempo litúrgico por excelência. Recomenda-se que seja vivenciado ao longo do Tempo Pascal. Iluminados pelos sacramentos recebidos, os iniciados (neófitos) são chamados a vivenciar a salvação oferecida por Deus na liturgia comunitária, fonte para a missão na Igreja e na sociedade. O visitante do Museu após percorrer o itinerário é convidado a passar pela porta da fé e adentrar o ambiente da mistagogia, e inserir-se no mistério.

O Museu Sagrada Família é um projeto comunitário. É, sobretudo, museu da família humana que, nos centros urbanos, precisa de um lugar para o silêncio, a reflexão, o reencontro consigo mesma e com Deus. Deus nos fala a todo instante e, muitas vezes, a arte é uma forma de Deus falar conosco. O Museu Sagrada Família é um espaço para se ouvir a voz de Deus, um espaço para o diálogo, que nos faz ter a certeza de que, enquanto o ser humano continuar criando, Deus estará presente na História. Somos artistas, artífices. Deus é criador, cria do nada, do vazio.

Percebemos que a Igreja precisa encontrar meios criativos para evangelizar e entendemos que o Museu pode contribuir através da arte/catequese nessa missão. Pois, para transmitir a mensagem que Cristo lhe confiou, a Igreja tem necessidade da arte. De fato, deve tornar perceptível e até o mais fascinante possível o mundo do espírito, invisível, de Deus. Por isso, tem de transpor para fórmulas significativas aquilo que, em si mesmo, é inefável. Ora, a arte possui uma capacidade muito própria de captar os diversos aspectos da mensagem, traduzindo-os em cores, formas, sons que estimulam a intuição de quem os vê e ouve. E isto, sem privar a própria mensagem do seu valor transcendente e do seu ar de mistério.[160]

---

[160] J. PAULO II. *Carta aos artistas,* n.12.

Considerações finais

Nosso desejo é que o Museu Sagrada Família seja um espaço genuinamente mistagógico. Mas um outro desejo nosso é que este Museu torne-se um espaço que favoreça o surgimento de novos artistas e catequistas que possam ajudar na educação da fé por meio da arte. Precisamos de artistas e catequistas, abertos ao diálogo com o diferente e que assumam sua vocação a serviço da Evangelização, para que a mensagem do Evangelho penetre em todas as instâncias da vida humana.

> De fato, a sociedade tem necessidade de artistas, da mesma forma que precisa de cientistas, técnicos, trabalhadores, especialistas, testemunhas da fé, professores, pais e mães, que garantam o crescimento da pessoa e o progresso da comunidade, através daquela forma sublime de arte que é a arte de educar. No vasto panorama cultural de cada nação, os artistas têm o seu lugar específico. Precisamente enquanto obedecem ao seu gênio artístico na realização de obras verdadeiramente válidas e belas, não só enriquecem o patrimônio cultural da nação e da humanidade inteira, mas prestam também um serviço social qualificado ao bem comum. [161]

O educador da fé, o artista e o Museu através de sua obra e ação de evangelizar têm sempre algo a dizer. Desta forma o Museu pode se tornar, também, um espaço profético, onde o artista/educador da fé denuncia as dores e mazelas do mundo e anuncia a Beleza como sinal visível do Deus invisível.

Toda obra de arte tem a função de nos comunicar uma ideia, noção, emoção, sentimento, conteúdo... O artista/educador da fé é um mistagogo. É alguém capaz de nos conduzir ao mistério. Proporciona-nos um encontro com Deus e nos coloca diante de uma presença que nos cala e preenche o vazio da nossa existência.

> Mas, vós sabeis que a Igreja continuou a nutrir grande apreço pelo valor da arte enquanto tal. De fato, mesmo fora das suas expressões mais tipicamente religiosas, ela mantém uma afinidade íntima com o mundo da fé, de modo que, até mesmo nas condições de maior separação entre a cultura e a Igreja, é precisamente a arte que continua a constituir uma espécie de ponte que leva à experiência religiosa. Enquanto busca o belo, fruto duma imaginação que voa mais acima do dia a dia, a arte é, por sua natureza, uma espécie de apelo ao Mistério. Mesmo quando perscruta as profundezas mais obscuras da alma ou os aspectos mais desconcertantes do mal, o artista torna-se de qualquer modo voz da esperança universal de redenção. [162]

---

161 J. PAULO II. *Carta aos artistas*, n. 4.
162 J. PAULO II. *Carta aos artistas*, n.10.

Ser educador da fé é ser artista. Participar desse projeto faz de todos nós artistas, mensageiros da Boa Notícia. Como a vida é teimosa, ela continua criando e recriando, mesmo nas perseguições e na morte. A vida do artista/catequista é movida pela fé. Quando se é movido pela fé, não morremos. Ressignificamos tudo, recomeçamos, reinventamos, refazemos... O artista/educador da fé semeia vida; espalha sementes em todos os terrenos.

A Igreja nutre um especial carinho aos artistas. Uma das provas disso é a Mensagem aos Artistas, que o Papa Paulo VI, endereçou-lhes, no final do Concílio Vaticano II, em 1965 e à qual o Papa São João Paulo II se refere em sua Carta aos Artistas:

> O mundo em que vivemos tem necessidade de beleza para não cair no desespero. A beleza, como a verdade, é a que traz alegria ao coração dos homens, é este fruto precioso que resiste ao passar do tempo, que une as gerações e as faz comungar na admiração. Neste mesmo espírito de profunda estima pela beleza, a Constituição sobre a sagrada liturgia "Sacrosanctum Concilium" lembrou a histórica amizade da Igreja pela arte e, falando mais especificamente da arte sacra, "vértice" da arte religiosa, não hesitou em considerar como nobre ministério" a atividade dos artistas, quando as suas obras são capazes de refletir de algum modo a beleza infinita de Deus e orientar para Ele a mente dos homens. Também através do seu contributo, o conhecimento de Deus é mais perfeitamente manifestado e a pregação evangélica torna-se mais compreensível ao espírito dos homens. *À luz disto, não surpreende a afirmação do Padre Marie-Dominique Chenu, segundo o qual o historiador da Teologia deixaria a sua obra incompleta, se não dedicasse a devida atenção às realizações artísticas, quer literárias, quer plásticas, que a seu modo constituem não só ilustrações estéticas, mas verdadeiros "lugares" teológicos.*[163]

Desejamos que o Museu seja um espaço orante, capaz de promover o diálogo entre culturas e religiões, tornando-se um espaço que eduque para a tolerância e conduza para um mundo de paz, onde a diversidade não é um mal, mas a grande virtude. Desta forma, acreditamos que este espaço pode gerar novos artistas, educadores da fé e pesquisadores que acreditam na arte, na fé e no Museu como espaço que agrega, que humaniza e ressignifica vidas. Pensar um espaço que gere novos artistas e educadores da fé é apontar caminhos para o anúncio do Evangelho. É permitir que Deus e a humanidade continuem escrevendo a história.

Podemos ter dificuldades para entendermos o Museu como espaço de integração e diálogo entre ser humano, Deus e o mundo. Entender o Museu como espaço de diálogo, exige abertura, coragem para sair de si, lançar-se e arriscar-se como afirma o

---

[163] J. PAULO II. *Carta aos artistas*, n.11.

Papa Francisco: *prefiro uma Igreja acidentada, ferida e enlameada por ter saído pelas estradas, a uma Igreja enferma pelo fechamento e a comodidade de se agarrar às próprias seguranças.*[164]

O encontro, o diálogo envolve o movimento de todos os sentidos que compõe a pessoa. É nesse diálogo que buscamos compreender quem somos e quem é Deus para nós e como podemos existir no mundo. O Museu Sagrada Família quer nos ajudar a encontrar um sentido para a vida. O sentido da vida passa pela experiência que fazemos através da fé e da arte. A educação da fé por meio da arte exige de nós uma experiência para o "além do que somos", não somos o que aparentamos ser, é preciso ir além para encontrar esse verdadeiro Ser que nos habita.

O Museu Sagrada Família é um espaço para percorrer o caminho que leva à centralidade do Ser. Só cria, quem se conecta. Deus é fonte de criatividade. O ser humano criativo é aquele que vive em Deus, que se deixa habitar por Deus. Longe de Deus existe a morte, as trevas, a decepção. Em Deus encontramos a luz e o sentido para uma Nova Vida. Sendo um itinerário a percorrer, o Museu nos ajuda a encontrar com o Ser, com Deus, com o Outro e com o Mundo. Abre-nos portas para o diálogo infinito entre arte e educação da fé.

---

164 FRANCISCO. *Evangelii Gaudium*, Brasília, 2014, n. 49.

Referências

Capítulo 1

Alves de Lima Luiz. *A catequese do Vaticano II aos nossos dias*. A caminho de uma catequese a serviço da Iniciação à Vida Cristã. São Paulo: Paulus, 2016.

Celam/Decat. *La catequesis en América Latina: orientaciones comunes a la luz del Directorio General para la Catequesis*. Colección documentos CELAM 153. Santa Fe de Bogotá, 1999.

Celam/Departamento de Misión y Espiritualidad. *La alegría de iniciar discípulos misioneros en el cambio de época. Nuevas perspectivas para la catequesis en América Latina y el Caribe* (Documentos CELAM 195). Bogotá, D.C: 2015. Em português: *A alegria de iniciar discípulos missionários na mudança de época*. Brasília: Edições CNBB, 2015.

Celam. III Semana Latino-Americana de Catequese (III SLAC). *A caminho de um novo paradigma de catequese*. Brasília: Edições CNBB, 2008.

Celam. *A Catequese na América Latina*: linhas gerais de orientação. São Paulo: Paulinas, 1983.

Celam. *Documento de Aparecida*. Brasília: Edições da CNBB; São Paulo: Paulus e Paulinas 2007.

Cnbb/CEP/BC. *Itinerário Catequético. Iniciação à Vida Cristã. Um processo de inspiração catecumenal*. Brasília, 2015³. Para 4 idades: adultos catecúmenos, adultos catequizandos, crianças, adolescentes e jovens.

Cnbb. *Diretrizes Gerais da Ação Evangelizadora da Igreja no Brasil 2015-2019*. Documentos da CNBB 102. Brasília: Edições da CNBB 2015.

Cnbb. *Iniciação à Vida Cristã. Um processo de Inspiração Catecumenal* (Estudos da CNBB 97). Brasília: Edições CNBB, 2009.

João Paulo II. *Catequese hoje* (*Catechesi Tradendae*). São Paulo: Editora Salesiana, Paulinas, Paulinas e Vozes 1980 (várias edições).

Capítulo 2

Alves de Lima Luiz. *A catequese do Vaticano II aos nossos dias*. A caminho de uma catequese a serviço da Iniciação à Vida Cristã. São Paulo: Paulus, 2016.

Celam – Decat. *La catequesis en América Latina: orientaciones comunes a la luz del Directorio General para la Catequesis*. Colección documentos CELAM 153. Santa Fe de Bogotá, 1999.

CELAM – DEPARTAMENTO DE MISIÓN Y ESPIRITUALIDAD. *La alegría de iniciar discípulos misioneros en el cambio de época. Nuevas perspectivas para la catequesis en América Latina y el Caribe*. Documentos CELAM 195. Bogotá, D.C: 2015. Em português: *A alegria de iniciar discípulos missionários na mudança de época*. Brasília: Edições CNBB, 2015.

CELAM. III SEMANA LATINO-AMERICANA DE CATEQUESE. *A caminho de um novo paradigma de catequese*. Edições CNBB: Brasília, 2008.

CELAM. *A Catequese na América Latina: linhas gerais de orientação*. São Paulo: Paulinas, 1983.

CELAM. *Documento de Aparecida*. Brasília: Edições da CNBB; São Paulo: Paulus/Paulinas, 2007.

CNBB – CEP-ABC. Itinerário Catequético. IVC. Um processo de inspiração catecumenal. Brasília, 2015. Para 4 idades: adultos catecúmenos, adultos catequizandos, crianças, adolescentes e jovens.

CNBB. *Diretrizes Gerais da Ação Evangelizadora da Igreja no Brasil 2015-2019*. Documentos da CNBB 102. Brasília: Edições da CNBB, 2015.

CNBB. *Iniciação à Vida Cristã. Um processo de Inspiração Catecumenal* (Estudos da CNBB 97). Brasília: Edições CNBB, 2009.

JOÃO PAULO II. *Catequese hoje* (*Catechesi Tradendae*). São Paulo: Editora Salesiana, Paulinas, Paulinas e Vozes, 1980 (várias edições).

DELORS, J. *Educação: um tesouro a descobrir*. São Paulo: Cortez; Brasília: MEC/UNESCO, 1996.

Capítulo 3

CNBB. *Iniciação à Vida Cristã. Itinerário para formar discípulos missionários* (Documentos da CNBB 107). Brasília: Edições CNBB, 2017

CNBB. *Evangelii Gaudium. A Alegria do Evangelho* – Documentos Pontifícios – 17-1ª. Edição (Exortação Apostólica do Papa Francisco).

CNBB. *Diretório Nacional de Catequese* (Doc. 84). São Paulo: Paulinas, 2011.

CNBB. *Documento de Aparecida*. São Paulo: Paulinas/Paulus, Edições CNBB, 2007[4].

COMISSÃO EPISCOPAL PASTORAL PARA A ANIMAÇÃO BÍBLICO-CATEQUÉTICA. *Itinerário Catequético. Iniciação à vida cristã – um processo de inspiração catecumenal*. Brasília: Edições CNBB, 2014.

CNBB. *Catequese Renovada. Orientações e Conteúdo* (Doc. CNBB 26). São Paulo: Paulinas.

CNBB. *Anúncio Querigmático e Evangelização Fundamental (Subsídios Doutrinais 4),* Brasília: Edições CNBB.

GUZMÁN, Eduardo Marcado. *A Catequese à Luz de Aparecida,* Brasília: Edições CNBB, 2008.

LIMA, Luiz Alves de. *A Catequese do Vaticano II Aos Nossos Dias*, São Paulo: Paulus, 2016.

KESTERIG, Juventino. *Catequese Caminho Para o Discipulado* – 3ª.Semana Brasileira de Catequese. Itaici, Indaiatuba/SP.

REVISTA DE CATEQUESE. *Ano Catequético Naciona*l. In: Revista de Catequese 125(janeiro/março, 2009), São Paulo: Salesiana, 2009.

SANTOS, Jânison de Sá. Ano *Catequético Nacional: Passado e presente – contexto histórico do Ano Catequético Nacional: 1959-2009*. In: Catequese 125(janeiro/março, 2009).

SANTOS, Benedito Beni dos. *Discípulos e Missionários – site: indicalivros.com.*

CNBB. *Diretrizes Gerais da Ação Evangelizadora da Igreja no Brasil 2015-2019* (Doc. 102). Brasília: Edições da CNBB, 2015.

Capítulo 4

COMPÊNDIO VATICANO II: *Constituições, Decretos, Declarações.* Petrópolis: Vozes, 1966.

_____. Constituição Dogmática *Sacrosanctum Concilium* sobre a Sagrada Liturgia.

CATECISMO DA IGREJA CATÓLICA. Petrópolis: Vozes; São Paulo: Paulinas, Loyola, Ave-Maria, 1993³.

SAGRADA CONGREGAÇÃO PARA O CULTO DIVINO. *Ritual da Iniciação Cristã de Adultos.* São Paulo: Paulus, 2001.

PAPA FRANCISCO. *Exortação apostólica Evangelii Gaudium.* São Paulo: Paulinas, 2013.

JOÃO PAULO II. *Exortação Apostólica Catechesi Tradendae (Catequese Hoje).* São Paulo: Paulinas, 1982.

PAULO VI. *Exortação Apostólica Evangelii Nuntiandi.* São Paulo: Paulinas, 2011[22].

CELAM. *Documento de Aparecida.* São Paulo: Paulus/Paulinas/ CNBB, 2007.

ARQUIDIOCESE DO RIO DE JANEIRO. *Diretório Arquidiocesano da Iniciação Cristã.* Rio de Janeiro: Nossa Senhora da Paz, 2008.

CNBB. *Diretório Nacional de Catequese* (Documento 84). São Paulo: Paulinas, 2006.

_____. *Estudos n. 97. Iniciação à Vida Cristã. Um Processo de Inspiração Catecumenal.* Brasília. Edições CNBB. 2009.

_____. *Documento 107. Iniciação à Vida Cristã. Itinerário para formar discípulo missionários.* Brasília: Edições CNBB. 2017.

VALLE, Sérgio. *Liturgia na catequese: aprender a celebrar, celebrando.* São Paulo: Paulinas, 1993.

Capítulo 5

ALBERICH, Emilio. *Catequese Evangelizadora. Manual de catequética fundamental* (Tradução de Luiz Alves de Lima). São Paulo: Salesiana, 2004².

BOGAZ, Antônio Sagrado; VIEIRA, Tarcísio Gregório. *Sinais mistagógicos. Instrumentos de evangelização litúrgica.* São Paulo: Paulus, 2001.

BORÓBIO, Dionísio (org.). *A celebração na Igreja 1* – Liturgia e Sacramentologia Fundamental (Tradução de Adail Sobral). São Paulo: Loyola, 1990.

BUYST, Ione/FONSECA, Joaquim. *Música ritual e mistagogia* (Coleção Liturgia e Música). São Paulo: Paulus, 2008.

CARMO, Solange Maria do. *Evangelização: a Igreja à procura de caminhos*. In: *Revista de Catequese* 130, abril/junho, 2010, p. 39-54.

CNBB. *Diretório Nacional de Catequese*. Brasília: Edições CNBB, 2006.

_____. *Celebrar e crescer na fé*. Catequese e Liturgia. Edições CNBB, 2008.

_____. *Iniciação à Vida Cristã: Um processo de Inspiração catecumenal* (Estudos da CNBB 97). Brasília: Edições CNBB, 2009.

_____. *Iniciação à Vida Cristã: Itinerário para formar discípulos missionários*. Brasília: Edições CNBB, 2017.

DICIONÁRIO DE CATEQUÉTICA (Dirigido por M. Pedrosa. Trad. de H. Dalbosco). São Paulo: Paulus, 2004.

PAPA FRANCISCO: *Exortação Apostólica Evangelii Gaudium – sobre o anúncio do Evangelho no mundo atual*. São Paulo: Loyola, 2013.

LELO, Antônio Francisco. *Os símbolos da vida*. In: Revista de Catequese 127, julho/setembro, 2009, p. 12-19.

SANTOS, Jânison de Sá. *Formação de catequistas para a Iniciação à Vida Cristã*. In: Revista de Catequese 128, outubro/dezembro, 2009, p. 52-64.

Capítulo 6

ALBERICH, E. *Catequese evangelizadora: manual de catequética fundamental*. São Paulo: Salesiana, 2004.

ALMEIDA, A. J. *Paróquia, comunidades e pastoral urbana*. São Paulo: Paulinas, 2009 (Coleção Ecclesia 21).

ANTONIAZZI, A./OLIVEIRA, R. M. *O movimento catequético no Brasil*. São Paulo: Ed. Dom Bosco, 1980.

ARQUIDIOCESE DO RIO DE JANEIRO. *Diretório Arquidiocesano da Iniciação Cristã*. Rio de Janeiro: Nossa Senhora da Paz, 2008.

BENTO XVI. *Exortação Apostólica Sacramentum Caritatis: sobre a Eucaristia, fonte e ápice da vida e da missão da Igreja*. Disponível em: <www.vaticano.va.> Acesso em: 13 de setembro de 2017.

BOROBIO, D. *Catecumenado e Iniciación Cristiana: un desafio para la Iglesia hoy*. Barcelona: Centre de Pastoral Litúrgica, 2007 (Biblioteca Litúrgica, 30).

CELAM. *Documento de Aparecida*: texto conclusivo da V Conferência Geral do Episcopado Latino-Americano e do Caribe: 13-31 de maio de 2007. Brasília/São Paulo: CNBB/Paulus/Paulinas, 2007.

CNBB. *Catequese Renovada: orientações e conteúdo*. São Paulo: Paulinas, 1983. (Documentos da CNBB n. 26).

_____. *Comunidade de comunidades: uma nova paróquia – a conversão pastoral da paróquia*. Brasília: CNBB, 2014 (Documentos da CNBB n. 100).

_____. *Diretório Nacional de Catequese*. Documentos da CNBB n. 84. Paulinas Ed. São Paulo-SP: 2006.

_____. *Iniciação à Vida Cristã: Itinerário para formar discípulos missionários*. Brasília: CNBB, 2017 (Documento da CNBB n.107).

_____. *Iniciação à Vida Cristã: Um processo de inspiração catecumenal*. Brasília: CNBB, 2009 (Estudos da CNBB n. 97).

COMISSÃO DA ANIMAÇÃO BÍBLICO-CATEQUÉTICA. *Diretório Arquidiocesano da Iniciação à Vida Cristã*. Curitiba: Editora Arquidiocesana de Curitiba, 2013.

CNBB – COMISSÃO EPISCOPAL PASTORAL PARA A ANIMAÇÃO BÍBLICO-CATEQUÉTICA. *Itinerário Catequético: Iniciação à vida cristã – um processo de inspiração catecumenal*. Brasília: CNBB, 2016.

CONGREGAÇÃO PARA O CLERO. *Diretório Geral para a Catequese*. São Paulo: Loyola, 1998.

FLORISTÁN, C. *Catecumenato: história e pastoral da iniciação*. Petrópolis: Vozes, 1995.

FRANCISCO. *Evangelii Gaudium: Exortação Apostólica sobre o anúncio do evangelho no mundo atual*. Brasília: CNBB, 2013.

HACKMANN, G. L. B. *Por uma paróquia como comunidade evangelizadora*. Teocomunicação. Porto Alegre: Instituto de Teologia e Ciências Religiosa da PUC-RS, v.26, n.111 a 114, 1996.

KLOPPENBURG, B. (org.). *Compêndio do Vaticano II: Constituições, decretos e declarações*. 25ª ed. Petrópolis: Vozes, 1996.

NENTWIG, R. *Iniciação à Comunidade Cristã: a relação entre a comunidade evangelizadora e o catecumenato de adultos*. São Paulo: Paulinas, 2013.

OÑATIBIA, I. *Batismo e Confirmação: sacramentos de iniciação*. São Paulo: Paulinas, 2007.

PAULO VI. *Evangelii Nuntiandi: Exortação apostólica do Sumo Pontífice Paulo VI sobre a Evangelização no mundo contemporâneo*. São Paulo: Paulinas, 1976.

REINERT, J. F. *Paróquia e iniciação cristã: a interdependência entre renovação paroquial e mistagogia catecumenal*. São Paulo: Paulus, 2015.

SAGRADA CONGREGAÇÃO PARA O CULTO DIVINO. *Ritual da Iniciação Cristã de Adultos*: Tradução portuguesa para o Brasil da edição típica. São Paulo: Paulus, 2001.

Capítulo 7

ALMEIDA, Antonio de. *ABC da Iniciação Cristã*. São Paulo: Paulinas, 2010, p. 57-58.

BENNER David G. *Entregarse al amor. Descubrir el centro de la espiritualidad cristiana*. Santander: Sal Terrae, 2009.

BINGEMER, Maria Clara. *Ser Cristão Hoje*. São Paulo: Ave-Maria, 2013.

BRUSTOLIN, Leomar Antônio / LELO, Antônio Francisco. *Caminho de fé. Itinerário de preparação para o batismo de adultos e para a confirmação e eucaristia de adultos batizados*. São Paulo: Paulinas, 2006, p. 76-78.

CEI. *Ricominciare a credere in Gesù? L'Iniziazione cristiana: Orientamenti per Il risveglio della fede e per Il completamento dell'iniziazione cristiana in età adulta*. Leumann: Elledici, 2003, p. 37-44.91-99.

CNBB. *Itinerário Catequético. IVC – um processo de inspiração catecumenal*. Brasília: Edições CNBB, 2014.

CORTI, Renato / MOIOLI/SERENTHÀ Giovanni Luigi. *A Direção Espiritual Hoje. Discernimento cristão e comunicação interpessoal*. São Paulo: Paulinas, 2002.

FONTANA, Andrea. *Il mondo è cambiato: Cambiamo la pastorale*. Leumann: Elledici, 2006, p. 98-99.

MARTÍNEZ, Donaciano/GONZÁLEZ, Pelayo/SABORIDO José Luis. *Proponer la fe hoy. De lo heredado a lo propuesto*. Santander: Sal Terrae, 2005, p. 31-33; Papa FRANCISCO. *Evangelii Gaudium*, n. 169-173.

MICHELETTI, Guillermo D. *A figura do padrinho na iniciação cristã. História, atualidade e orientações sobre a figura do padrinho*. In: Revista de Catequese 134, abril/junho, 2011, p. 38-48.

NENTWIG, Roberto. *Iniciação à comunidade cristã. A relação entre a comunidade evangelizadora e o catecumenato de adultos*, São Paulo: Paulinas 2013, p. 97-101.

NÚCLEO DE CATEQUESE PAULINAS. *Querigma. A força do anúncio*. São Paulo: Paulinas, 2014, p. 88-94.

ORMONDE, Domingos. *Pontos de partida para um catecumenato em etapas*: In: Revista de Liturgia 164, março/abril, 2001, p. 27-29;

_____. *O caminho do Pré-Catecumenato*: In: Revista de Liturgia 167, setembro/outubro, 2001, p. 27-28.

QUEZINI, Renato. *A pedagogia da iniciação cristã*, São Paulo: Paulinas 2013, p. 78-79;

RECH, Helena Terezinha. *Itinerário Espiritual, um caminho de vida: mistagogia do acompanhamento espiritual*. In: ITAICI 98, dezembro 2014, p. 77-82.

RIVERA, Jesús Perez F. *Acompañamiento personal* [1]. In: Catequética 5, setembro/outubro, 2016, p. 340-343.

_____. *Acompañamiento personal* [2]. In: Catequética 6, novembro/dezembro, 2016, p. 400-402.

_____. *Acompañamiento personal* [3]. In: Catequética 1, janeiro/fevereiro, 2017, p. 50-51.

VV.AA. *Nella lógica del catecumenato. Pratica dell'iniziazione cristiana con i ragazzi*. Bolonha: EDB, 2010, p. 71-75.

Capítulo 8

ALBERICH, Emílio. *Catequese Evangelizadora. Manual de Catequética Fundamental*. São Paulo: Salesiana, 2004.

CATECISMO DA IGREJA CATÓLICA. Petrópolis: Vozes; São Paulo: Paulinas, Loyola, Ave-Maria, 1993[3].

CNBB. *Diretório Nacional de Catequese* (Doc. 84). São Paulo: Paulinas, 2011.

CNBB. *Iniciação à Vida Cristã. Um processo de Inspiração Catecumenal*. Brasília: Edições CNBB, 2009 (Estudos da CNBB 97)

CNBB. *Iniciação à vida cristã: itinerário para formar discípulos missionários.* Brasília: Edições CNBB, 2017 (Documentos da CNBB 107)

CNBB. *Catequese Renovada. Orientações e Conteúdo* (Doc. CNBB 26). São Paulo: Paulinas, 1983.

COMISSÃO EPISCOPAL PASTORAL PARA A ANIMAÇÃO BÍBLICO-CATEQUÉTICA. *Itinerário Catequético. Iniciação à vida cristã – um processo de inspiração catecumenal.* Brasília: Edições CNBB, 2014.

CONGREGAÇÃO PARA O CLERO. *Diretório Geral para a Catequese.* São Paulo: Loyola, 1998.

Capítulo 9

CATECISMO DA IGREJA CATÓLICA. Petrópolis: Vozes; São Paulo: Paulinas, Loyola, Ave-Maria, 1993.

CALANDRO, E; LEDO, J. *Psicopedagogia Catequética: reflexões e vivências para a catequese conforme as idades.* Vol. I. São Paulo, 2010

CASEL, Dom Odo. *O mistério do culto no cristianismo.* São Paulo, 2009,

CELAM. *Documento de Aparecida.* Brasília: Edições da CNBB; São Paulo: Paulus e Paulinas 2007.

JOÃO PAULO II. *Carta aos artistas.* São Paulo, 1999

MARIANI, Ceci Baptista, Maria Angela Vilhena (orgs). *Teologia e arte. Expressões de transcendência, caminhos de renovação.* São Paulo, 2011.

PAPA FRANCISCO. *Exortação apostólica Evangelii Gaudium.* São Paulo: Paulinas, 2013.

RAHNER, Karl. *Curso fundamental da fé.* São Paulo, 1989.

TABORDA, F. *Nas fontes da vida cristã.* São Paulo, 2001.

Homenagens

Inês Broshuis

Padre Antônio Marcos Depizzoli *

No livro "Catequese de A a Z" de Dom Juventino Kestering (2016, p. 45) lemos: "São milhares de mulheres, homens, jovens, anciãos e até adolescentes que descobrem a vocação de catequista, a partir da experiência de fé e da vivência na comunidade cristã. Exercem esta missão com esmero, com doação e amor à Igreja. Assim 'dedicam-se de modo especial ao serviço da Palavra, tornando-se porta-vozes da experiência cristã de toda comunidade' (CR n. 144)".

Uma dessas pessoas é Inês Broshuis, que junto a estes milhares de voluntários vem evangelizando catequizando em nosso país. Deixemos que ela mesma se apresente:

1. Quem é Inês Broshuis?

- Nasci no dia 21 de agosto de 1923, em Muiden – Holanda, próximo a Amsterdam. Sexta filha da família. Meu pai faleceu aos 34 anos de idade, quando eu tinha 2 anos, e minha mãe, viúva, com muitos problemas financeiros, fez tudo para dar-nos uma infância e juventude felizes, com as possibilidades daquele tempo. Estudei em boa escola e participei ativamente da vida da paróquia. Comecei a trabalhar aos 16 anos, num escritório, porque minha mãe necessitava muito do pouco que seus filhos começaram a ganhar. Possibilidade para continuar os estudos não havia. Mas, eu mesma sou muito estudiosa e, na escola, recebemos uma boa formação no estudo das línguas: holandês, inglês, francês e alemão. Tive aulas particulares no estudo destas línguas, pois meu trabalho o exigia. Com isto fui promovida a correspondente internacional na empresa em que trabalhava, tendo o meu salário aumentado bastante. Com 23 anos de idade, fui admitida como membro do Instituto Secular Unitas e, com 27 anos, fui convidada a vir para o Brasil, com outros membros. Pude atender ao chamado porque minha mãe fora beneficiada pela aposentadoria por idade, conforme lei criada em nosso país. Isto facilitou muito a manutenção de minha mãe. Agora, já estou há 66 anos aqui no Brasil e poderia contar muitas histórias sobre a adaptação, a dificuldade com a língua, o ambiente, etc.

Sobre esta especial vocação, eis o que Dom Juventino Kestering, bispo de Rondonópolis-MT, escreveu:

"A vocação de catequista e o amor pela evangelização brotam do sacramento do Batismo, fortalecidos pela Crisma e alimentados pela Palavra meditada e rezada. Os catequistas realizam a missão na Igreja a serviço da comunidade, porque se sentem chamados para esta missão. A comunidade necessita de catequistas entusiasmados pela comunidade, sensíveis à dor dos pequenos e dos pobres, abertos para o diálogo com o diferente, defensores da vida, da justiça e da solidariedade" (KESTERING, 2016, p. 45).

2. Fale-nos, por favor, de seu chamado para a missão na catequese?

Na Holanda, não existia a missão de catequese ministrada por leigos. Todos os católicos tinham acesso a Escolas Paroquiais Católicas e aí recebiam a Catequese, pela própria professora da classe, que consistia, mais ou menos, no ensino do catecismo. Uma vez por semana, o vigário ia às classes e dava uma hora de Catequese para completar o ensino dos professores.

Quando cheguei ao Brasil, fui convidada, já nos primeiros anos, para ajudar na Catequese paroquial. Vi que, no Brasil, também nas escolas, a Catequese era ministrada pelos próprios professores.

Trabalhei na Catequese em diversos lugares e comecei a viajar por diversas cidades para ministrar cursos para catequistas, orientadores e formadores de Catequese. Assim comecei a dar os primeiros passos num campo totalmente novo e para o qual não existia, praticamente, material didático. Comecei a pesquisar, por todo lado. Adquiri muito material bom na Holanda, onde a Catequese já começava a se atualizar. Ajudaram-me demais, incentivando-me muito nesta missão.

Depois do Concílio Vaticano II, 1965 em diante, a Igreja entrou num processo de renovação e a Catequese começou a sua caminhada renovadora. Naquele tempo, Catequese paroquial e ensino religioso nas escolas se confundiam. Ainda não havia uma distinção entre um e outro. Além do trabalho na Catequese paroquial, comecei também a atuar nas escolas públicas.

Numa tentativa de colaborar na formação de catequistas, especialmente na questão metodológica, elaborei subsídios que foram publicados e, ainda hoje, são usadas em diversos lugares no Brasil. Tentei sintetizar o conteúdo desses diversos subsídios no livro "Viver sob a Luz de Cristo", para a Catequese de adultos, que fiz em parceria com Neuza Silveira de Souza.

Sobre a renovação da Catequese, citamos uma vez mais Dom Juventino Kestering:

A catequese acontece dentro de um contexto social. É visível o sofrimento de tantas crianças, jovens e adultos machucados pelo modelo econômico excludente e por outras feridas que atingem as pessoas: desemprego, crescimento das favelas, aumento da violência, desestruturação da família, e outras. É preciso desenvolver uma catequese cujo conteúdo enfoque a realidade do sofrimento humano e ajude as pessoas a se reerguerem e a resgatar a dignidade humana (KESTERING, 2016, p. 46).

3. Como você viveu e vive sua vocação e missão junto aos catequistas e catequizandos?

Eu trabalhei, relativamente, pouco tempo com crianças. Estive envolvida vários anos com alunos do que, hoje, é o Ensino Médio. Sempre tive uma boa acolhida. Logo depois, começou meu trabalho na formação de catequistas.

Aconteceu uma grande renovação da Catequese no Brasil, depois do Concílio Vaticano II e, especialmente, depois das Conferências do CELAM, sobretudo as de Medellín (1968) e Puebla (1979). O episcopado da América Latina aprendeu muito no Concílio, sobretudo, como olhar a situação do mundo, particularmente no aspecto sócio-econômico-cultural. Isto fez que as Conferências do CELAM dessem início a uma Catequese que optasse partir da realidade do povo mais pobre, os sem voz e sem vez, os sem formação religiosa, portanto, era uma catequese "pé no chão", realizando a interação fé e vida.

Com o surgir e o desenvolvimento das Comunidades Eclesiais de Base (CEBs), o povo passou a conhecer melhor a situação real do Brasil e a injustiça social. Nisso, ajudou muito a metodologia da Ação Católica atualizada, isto é, VER – JULGAR – AGIR. Por sua vez a Catequese foi muito beneficiada por tudo o que acontecia de renovação da Igreja a partir de Medellín (1968) e Puebla (1979) e, também, pela Teologia da Libertação. E isso, exatamente, durante a ditadura militar, iniciada em 1964, e que durou mais de 20 anos. Gerou grande impulso na renovação da Catequese o estudo da Bíblia e a oração bíblica com o povo e a partir das necessidades do povo, trabalho liderado por Frei Carlos Mesters e outros biblistas populares. A Catequese tornou-se mais bíblica, mais encarnada no contexto socioeconômico, cultural, religiosa, marcada pela opção preferencial pelos pobres.

Eu, pessoalmente, quero dizer que a Teologia da Libertação é uma das grandes riquezas da Igreja na América Latina. Ela sabe trabalhar bem o VER-JULGAR-AGIR. Trabalhei, durante alguns anos, em Marabá-PA, e ali senti de perto a dureza da ditadura militar, a perseguição aos bispos, padres e leigos engajados, o sofrimento do povo sem-terra, sem teto e todo tipo de carência que um ser humano pode experimentar.

Algum tempo depois, fui convidada para trabalhar em Brasília, no Setor de Catequese da Conferência dos Bispos do Brasil (CNBB), como Assessora do então bispo encarregado deste Setor, Dom Vital Wilderink. Dividi a assessoria com o Pe. Juventino Kestering, atualmente Bispo de Rondonópolis-MT. Naqueles quatro anos, tive intenso contato com a o processo de renovação da Catequese no Brasil, impulsionado pelo Documento Catequese Renovada, Orientações e Conteúdo, de 1983, que procurou concretizar as orientações de Medellín e Puebla. A Teologia da Libertação e a profunda visão e o engajamento profético de muitos bispos e teólogos foram decisivos para todo este processo renovador A Catequese Renovada foi amplamente divulgada pelos assessores de Catequese, destacando-se a liderança do Frei Bernardo Cansi (OFMCap), de saudosa memória, e o Irmão. Israel Nery (Lassalista).

Depois de meu tempo na CNBB Nacional integrei, a partir de 1990, a Comissão de Catequese da CNBB Leste II e da Arquidiocese de Belo Horizonte. E após uma bela festa de 90 anos de idade, em 2017, estou indo mais devagar, vivendo as consequências de uma idade avançada, agradecida a Deus por tanto bem recebido e partilhado.

Uma vez mais, a palavra sábia de Dom Juventino Kestering nos enriquece na compreensão e prática da Catequese Renovada, na dinamização da qual ele atuou com Inês, a partir do Setor Catequese da CNBB Nacional.

Que a Catequese seja capaz de formar cristãos que saibam atuar como fermento de transformação para contribuir com um mundo novo, com menos injustiça, pecado, exploração, fome, doença, desencontros. A formação continuada integra a vida e missão do Catequista. (KESTERING, 2016, p. 46).

4. Como você interpreta a importância da catequese para a Igreja e para a sociedade?

Ninguém duvida da importância da Catequese nos tempos de hoje. Mas, a pergunta que realmente importa é: que tipo de Catequese? Deve ser uma catequese atualizada, conforme métodos e processos dialógicos, que ajudem a mensagem de salvação chegar à vida das pessoas de hoje. Fico preocupada ao ver as crianças de hoje, desde muito cedo, com o celular na mão, fascinadas com o "clic, clic"; também com certas crianças que possuem de tudo o que se possa imaginar, mas sem ambiente para aprender os valores da vida, certos conhecimentos fundamentais que esclarecem a nossa razão de ser. Consequência disso é a falta de capacidade de discernimento na juventude e na vida adulta. E a causa disso é, sobretudo, a ausência dos pais que, absorvidos pelo trabalho e pelas ocupações de hoje, não estão com os filhos, sobretudo nos momentos mais críticos de suas vidas. Mas, os púberes, adolescentes, jovens, adultos, idosos, todos necessitam de um bom diálogo, de um ouvido para escutar e de palavras sábias para incentivar. Onde estão as verdadeiras lideranças?

Para mim, a CNBB deveria trabalhar um grande projeto de catequese para as diversas idades, levando em conta as possibilidades que nos dão, hoje, a psicologia e a psicobiologia, os meios de comunicação com programas especiais, de boa qualidade, que atinjam os verdadeiros problemas de cada um. Eu li outro dia, numa revista, que grandes especialistas em política, filosofia, psicologia..., da USP, dão entrevistas em certos programas da televisão, certamente, também na internet, e que eles são ouvidos por muitos jovens. Quando li isto, fiquei muito satisfeita porque os nossos jovens e adultos não precisam somente de celebrações litúrgicas com muita pompa, mas precisam pesquisar, pensar e descobrir a maravilha que é ajudar a construir o Reino de Deus, recorrendo aos meios modernos e à criatividade.

Também importante para mim, pessoalmente, é um espírito crítico, um enfrentar as muitas dúvidas e desafios que, justamente, a classe em formação superior enfrenta, porque as dúvidas bem tratadas e entendidas podem ajudar muito no crescimento na verdadeira fé. Nem sempre há resposta para todas as perguntas.

5. A partir de sua experiência e de seus estudos qual sua visão quanto ao futuro da catequese no Brasil?

Pessoalmente, eu sou um pouco pessimista quanto ao futuro de uma boa formação da fé nas comunidades, cursos, encontros, se continuarmos com as estruturas pastorais caducas, com a falta de formação dos catequistas e sem uma Pastoral Orgânica, tanto diocesana como paroquial. Além de cada pastoral, cada movimento, cada grupo agir separadamente do todo, temos uma formação frágil e fragmentado...

Onde estão os padres e leigos que seguem uma formação catequética em alto nível e que são pagos pela CNBB ou Diocese para fazer uma grande animação por todo lado? Lembro-me de Ir Nery e Frei Bernardo Cansi que, na década de 80 e 90 viajaram por não sei quantas dioceses propagando uma nova visão de catequese, a Catequese Renovada...

Quais são os catequistas, com grande experiência, conteúdo e disponibilidade de tempo e boa atuação, que podem dedicar-se com afinco à Catequese? Vejo que uma das dificuldades que temos é a grande rotatividade de catequistas, o que impede um processo continuado, firme, seguro da implantação de um Projeto de Catequese que perdure.

Em geral, a catequese é um dos setores que recebe menos apoio material e financeiro das paróquias e dioceses. Muitos catequistas pobres não recebem dinheiro sequer para pagar a própria condução, menos ainda para o material necessário. Quanto dinheiro é gasto pela diocese para formar alguns padres! Comparem isto com o que se faz para preparar bons catequistas.

Penso que a CNBB, as dioceses e paróquias precisam investir, corajosamente, em primeiro lugar, na formação de todos que se ocupam nesta missão tão importante que é a Catequese. A queixa generalizada é de que nossos catequistas são pessoas de boa vontade, voluntários generosos, mas sem preparo e que, muitas vezes, eles mesmos, precisam, de uma boa catequese.

Eu vejo aqui uma grande tarefa, fundamental para fortalecer uma catequese crítica, consciente, madura, que enfrente os grandes problemas da nosso mundo atual, que é um caldeirão efervescente de ideias, propostas, experiências, críticas, calúnias, ataques, discriminação, superficialidades... Não é um trabalho de poucos catequistas, bem dispostos, mas mal formados e desconectados do contexto do mundo e da Igreja, que vai ser eficaz para colaborar na missão da Igreja no mundo contemporâneo. Urge formar bons catequistas!

Wolfgang Gruen, SDB

*Irmão Israel José Nery fsc *

1. Aventuras de uma família judia

Wolfgang Gruen (também grafado Grün) nasceu em Niederfinow (Alemanha), em 1927, em uma família judaica, depois convertida ao catolicismo. Seus pais, Erich Grün e Herta Neumann Grün, tiveram, antes, uma filha em 1925, a quem deram o nome de Rita Marion Gruen que, ao se casar, assumiu o sobrenome do marido, passando a ser Rita Marion Rizzi Lippi. Ela teve vida longa e uma filha, Sônia Lippi. Rita faleceu em janeiro de 2015, poucos meses antes de completar seus 90 anos.

Com o advento de Adolf Hitler ao poder, em 1933, iniciando imediatamente a perseguição aos judeus, a família Gruen emigrou, instalando-se primeiramente na Itália, em 1935. Mas, quando aconteceu a Aliança ("Eixo") de Benito Mussolini com Hitler, os Gruen decidiram migrar para um lugar onde não houvesse racismo. Escolheram o Brasil. Porém, devido ao grande número de pessoas que haviam feito a mesma opção, tiveram de esperar que chegasse a sua vez. O clima, porém, já era de guerra iminente e, então, a família considerou que seria mais seguro esperar na Inglaterra e, para lá se mudou em 1938, E, de fato, pouco depois, começou a Segunda Guerra Mundial (1939-1945), também com o envolvimento da Inglaterra no conflito. Felizmente, em maio de 1940, chegou a permissão de entrada no Brasil para os Gruen, que embarcaram imediatamente, chegando ao Rio de Janeiro-RJ, no mesmo ano de 1940. Wolfgang cursou parte do ensino primário na Alemanha e Itália e parte do ensino secundário na Inglaterra e Brasil, o que muito o ajudou na compreensão das línguas e no diálogo religioso e inter-religioso.

2. Seguir Jesus como Salesiano

Quando ainda em Londres, o jovem Wolfgang estudou, como aluno interno, no Colégio dos Salesianos. O convívio diário com os religiosos levou-o a observar e a admirar o estilo de vida e a dedicação daqueles educadores. Sentiu-se interpelado por um forte desejo de assumir aquele estilo de vida e de dedicação apostólica. Manifestou este seu desejo a um dos Padres. Verificada a seriedade de seu propósito, os Salesianos o declararam aspirante. Com a mudança da família para o Brasil, Wolfgang procurou orientação e acompanhamento vocacional no Colégio Salesiano de Niterói-RJ. Em 1942, ingressou no Seminário menor de Lavrinhas-SP e aí, como simples estudante secundário, ajudou o Pe. Júlio Comba, gramático italiano e latino, a classificar os verbos irregulares em Italiano e Latim. Em 1943 fez o Noviciado e, em 1944, a Primeira Profissão Religiosa, em São Paulo-SP.

De 1944-1946 cursou Pedagogia e Filosofia e obteve a graduação em Filosofia pela Faculdade Dom Bosco de Filosofia Ciências e Letras em Lorena/SP. De 1947 a 1949 fez o Tirocínio prático, como assistente e professor dos estudantes de Filosofia, também em Lorena/SP, Depois, de 1950 a 1953, cursou Teologia no Instituto Teológico Pio XI, dos salesianos, no alto da Lapa, em São Paulo-SP. Em dezembro de 1953, foi ordenado presbítero salesiano. Mais tarde, em 1972, graduou-se em Letras pela Faculdade Dom Bosco – Campus Mercês.

Aprendiz permanente, Gruen buscou formação e complementação em várias áreas tais como: curso de Grego da Koiné Sírio-Alexandrina, em 1950, no Instituto Teológico Pio XI; a Primitiva Literatura Greco-Cristã, em 1950 e 1951, no mesmo Instituo; biblioteconomia, em 1951, no Instituto Salesiano de Filosofia; fez o Curso de extensão universitária sobre Didática de Línguas, em 1967, na Faculdade Dom Bosco, Campus Mendes; fez um curso de extensão universitária sobre o Adolescente, em 1968, em Belo Horizonte/MG, na Pontifícia Universidade Católica (PUC-Minas) e outro curso de extensão universitária sobre Dinâmica de Grupo, em 1971.

Como estudante e, depois, como professor, Gruen cultivou o latim e, com especial interesse, o grego clássico e o koiné (que lecionou para os estudantes de filosofia e teologia). Desse magistério resultou um livro Fábulas de Esopo, bastante usada no estudo do grego no Brasil. Mais tarde (1984-1986), durante cinco semestres, ele reforçou seu hebraico com o curso de hebraico moderno (ivrit), na PUCMinas. Em todos estes estudos ele sempre teve como horizonte um amor entranhado pelas Escrituras Sagradas. Encontrou espaço para essas preferências por ter sido incluído, muito cedo, na Equipe Salesiana de Formação.

Há um pormenor que ele gosta de contar: Na infância, a mãe, de acordo com o costume na época, era bastante severa. Em compensação, o pai, médico, tinha grande tino psicopedagógico: era a bondade em pessoa. Quando o menino fazia alguma arte, nada de castigos ou gritos. Bastava o olhar. Certa ocasião, no começo do ginásio, Wolfgang perigava ir para a 2ª época em latim. O pai, que tinha boa formação clássica, repassou toda a matéria com ele, e o estimulou: Você vai passar. Tem condições para isso. Como prêmio de seu esforço, terá uma estante especial para seus estudos. Dito e feito: o menino passou, e logo viu, junto à sua mesa de estudos, uma bela estante, já com um livro. Imediatamente, "curioso" para ver que livro era aquele. Ficou muito contente e agradecido. Era um grosso dicionário de grego clássico, cujo coautor, Kaegi, tinha sido professor do pai. Mas Wolfgang disse: Mas eu nem sei ler isso. E o pai carinhosamente respondeu: Eu te ensino. E deu-lhe as primeiras aulas de grego clássico: o alfabeto, as primeiras palavras, e algumas outras noções. Wolfgang vibrou. Quando, anos mais tarde, foi para o Seminário menor, seus colegas já tinham tido um semestre de grego; mas isso não foi problema para o Wolfgang. Pelo contrário: já tinha condições para acompanhar a turma e mais que isso, estudar o grego era um prazer imenso para ele, pois o conectava afetivamente com seu pai. Como professor de grego (durante 61 anos), sempre gostou de dar aula e fazer com que os alunos gostassem do idioma.

3. *Pastoreio e magistério, com ênfase na Catequese e no Ensino Religioso*

A ocupação principal de Wolfgang, desde os anos do Tirocínio prático, foi junto a jovens universitários, principalmente através do magistério, que era a sua missão educativo-pastoral. Mas, desde a ordenação presbiteral, o pastoreio junto ao povo, principalmente das periferias e da zona rural, o fascinou. E ele dizia que era uma importante continuação do seu curso de Teologia. A paróquia confiada aos salesianos, em São João del-Rei – MG não havia adotado as Comunidades Eclesiais de Base (CEBs), mas ali instalara um sistema bastante semelhante: o Movimento Comunitário, com grande valorização dos leigos. Além de procurar fortalecer a vida cristã dos fiéis, dedicando-se de modo especial às áreas catequética, bíblica e litúrgica, Padre Gruen se engajou no ecumenismo e, depois de sua transferência para Belo Horizonte/MG (1975), ele passou a integrar o movimento do diálogo cristão-judaico.

No magistério, por mais de 60 anos, atuou no ensino básico, no ensino superior e em cursos de férias, em diversos Estados do país. Por um bom tempo, ele era muito requisitado para língua e literatura inglesa, grego (clássico e koiné), Cultura Religiosa; Catequética; Introdução à Bíblia (Introdução geral, exegese e métodos na leitura bíblica).

Empenhou-se, de modo particular, pela renovação da Catequese e do Ensino Religioso. Seguia com interesse o que acontecia nesta área, no Brasil e na Europa.

A partir de 1965, impregnou-se do Concílio Vaticano II (documentos, mas principalmente espírito) e, também, do jeito latino-americano, especialmente brasileiro, de trazer a renovação conciliar para o dia a dia do povo, com o impulso iluminador da Segunda Conferência Episcopal Latino-americana, em Medellín, Colômbia, em 1968, da Teologia da Libertação e da prática da fé, da esperança e do amor, no caminhar das Comunidades Eclesiais de Base, da Leitura Orante Popular da Bíblia, da Liturgia renovada e, também, do movimento ecumênico e do diálogo religioso. Por vários anos, Padre Gruen deu sua colaboração à Conferência Nacional dos Bispos do Brasil (CNBB) particularmente nas áreas de Catequese, Ensino Religioso e Bíblia. E percorreu muitos lugares no Brasil como assessor de cursos, seminários, congressos.

Em plena atividade, aos 85 anos, e com boa saúde, Pe. Gruen deixou de dar aulas para se dedicar mais intensamente às comunidades eclesiais que formam a paróquia Cristo Luz dos Povos, em Belo Horizonte/MG. Ele explicou sua atitude em uma de suas entrevistas à professora Neusa Lombardi, que o substituiu nas disciplinas Língua Inglesa e Literatura Inglesa:

Sim, deixei as aulas na Universidade. Já estou aposentado há muitos anos. É preciso deixar espaço para os mais jovens. Agora estou participando mais da vida da paróquia. Sinto falta dos alunos, dos colegas professores e das bibliotecas, e são várias, a do Dom Cabral, a da PUC, a do ISTA, e a do colega salesiano, o Pe. Cleto Caliman. Mas o coração grande dos nossos paroquianos, da Cabana Pai Tomás, supre com vantagem todas essas ausências. Estou muito feliz.

4. Dedicação específica à Catequética e ao Ensino Religioso

Quando estudou Filosofia (1944-1946), o seminarista Gruen seguiu, ao mesmo tempo, um breve curso de Catequética. Como era muito teológico, não conseguiu o objetivo desejado de preparar-se para o triênio de prática pastoral (1947-1949). Um segundo curso, durante seus estudos de Teologia, foi prático, porém não lhe trouxe quase nada de novo.

Depois da sua ordenação presbiteral (dezembro 1953), Padre Gruen foi destinado a São João del-Rey/MG. Entre suas várias incumbências, ficou encarregado do Ensino Religioso (ER), no curso ginasial, e da Cultura Religiosa na recém-criada Faculdade Dom Bosco de Filosofia, Ciências e Letras. Na época, o ER consistia em fazer catequese na escola. Era o modelo que vigorava, desde 1774 na Alemanha e, depois, se estendeu a outros países. A aula de religião ou catequese escolar, foi incluída na grade escolar das regiões respectivamente católicas ou luteranas, e era obrigatório para todos os alunos. O modelo foi sendo aperfeiçoado, sobretudo quanto à metodologia, mas o paradigma era o mesmo de sempre. Este sistema reforçou o costume de pensar em catequese basicamente para crianças e adolescentes e no estilo escolar.

No fim dos anos 1950, Pe. Gruen percebeu que suas aulas de religião não conseguiam entusiasmar os alunos e isso o incomodava. Viu-se na obrigação de buscar algo novo, diferente, para ele e para os alunos. Passou a assinar revistas de catequese da Europa, preparava bem suas aulas e as dava com esforço. Mas ficou comprovado que, tanto para ele como para os alunos, o ensino da religião continuava problemático. Uma outra tarefa o atraía muito mais e, na qual, se sentia à vontade: a formação permanente das cerca de 120 catequistas da paróquia. Ali ele encontrava satisfação e também motivação para aprender mais, em sua busca de algo novo para renovar a catequese, também a escolar.

Em 1956, foi convidado pela editora Herder a traduzir o novo Catecismo Católico das dioceses da Alemanha, publicado em 1955. Terminado o trabalho, a mesma editora lhe solicitou a tradução de outro livro: Iniciação ao Catecismo Católico. Sentiu grande alegria na reviravolta que estava acontecendo na catequese em seu país natal, a Alemanha. Era nitidamente um catecismo em linha querigmática: uma lufada de ar novo. E aquela obra servia também para trabalhar a fé com adultos. Agradou tanto que foi logo traduzido para mais de 20 línguas.

Mas, segundo o que predominava na época, o Catecismo Católico da Alemanha, visava principalmente a escola pois, em todas as partes, a Igreja dava muito valor à catequese escolar que, aliás, era favorecida pelo contexto cultural predominantemente religioso e católico de então. Padre Gruen decidiu apoiar-se no Catecismo Católico, que ele traduzira. A ajuda na formação dos catequistas da paróquia, obviamente foi grande. Suas aulas de catequese escolar, tiveram, num primeiro momento, sensível melhora. Mas, passado um tempo, voltou o desinteresse dos alunos.

Como consequência das duas traduções que realizara, em 1959, Pe. Gruen recebeu a incumbência de lecionar Metodologia do Ensino Religioso e Catequética aos seminaristas do curso de Filosofia. Tomou como referência uma obra, considerada clássica desde 1940, o livro Catequética do Padre José André Jungmann SJ, que já existia em espanhol desde 1957 (a edição em português só saiu em 1967). Padre Jungmann tinha sido, na verdade, um dos fundadores da assim denominada teologia e catequese querigmáticas. O curso de Catequética foi bem recebido pelos seminaristas. Mas, a "aula de religião" era apenas tolerada pelos adolescentes. Mais tarde, em um de seus escritos, Gruen comentará: Aqueles adolescentes tinham um faro incrível.

Gruen examinou as publicações catequéticas do Monsenhor Álvaro Negromonte, que apresentavam grandes avanços para a renovação da catequese das décadas de 30 a 50, mas ele queria mais, algo que atendesse às necessidades do Brasil e da Igreja em mudança. Ao acompanhar com interesse o Concílio Vaticano II (1962-1965), concluiu que a renovação que aquele magno evento iria provocar na Igreja, em termos de eclesiologia (Lumen Gentium), de compreensão, estudo e vivência da Palavra de Deus (Dei Verbum) e da Liturgia (Sancrosanctum Concilium) e de nova visão da missão da Igreja na sociedade (Gaudium et Spes), abriria espaço para uma verdadeira revolução para a compreensão, conteúdo e metodologia da catequese.

Logo a seguir veio a preparação da Segunda Assembleia Episcopal Latino Americana, a ser realizada em Medellín (Colômbia) em agosto-setembro de 1968, precedida pela VI Semana Internacional de Catequese, também em Medellín, em agosto de 1968. Duas semanas antes do encontro dos Bispos, que, por sua vez foi preparada no Brasil pelo Encontro Nacional de Catequese no Rio de Janeiro em Julho de 1968. Pe. W. Gruen participou ativamente dessas duas últimas, o que confirmou suas convicções e impulsionou suas esperanças, aliás também sancionadas e sacramentadas, na II Conferência do Episcopado Latino-americano em Medellín.

Nessa primavera catequística, a Conferência dos Bispos do Brasil (CNBB), programou um Encontro Nacional de Catequese (Rio de Janeiro, 1º a 5 de julho 1968), com um grupo seleto de pessoas que estavam comprometidas com a busca de algo novo para a catequese. Foram cinco dias de trabalho intenso – de manhã, à tarde e à noite. O encontro serviu de revisão da caminhada feita, forneceu orientação para aqueles anos particularmente difíceis, por causa da Ditadura Militar, e também ajudou a preparar o evento internacional potencialmente de ressonância mundial.

Foi nos anos 1950 e 1960, que aconteceram as Semanas Internacionais de Catequese sob liderança do padre austríaco Joseph Hofinger, SJ, em diversos continentes. Elas revelaram pensadores significativos e boas experiências em diversos países. Aquelas semanas foram muito importantes, com outros movimentos renovadores (em Bíblia, Liturgia, Filosofia, Teologia, Pastoral, Espiritualidade, etc.), para os rumos que o Concílio Vaticano II iria tomar a partir de 1962. Na sequência das tais Semanas, estava planejada, para 11 a 18 de agosto de 1968, a 6ª dessas Semanas, em Medellín (Colômbia).

Nos primeiros dias da VI Semana Internacional de Catequese, houve uma forte oposição à linha renovadora da equipe brasileira de catequetas, formada por 16 membros. Depois, porém, com significativo apoio do francês, Padre Jacques Audinet, as propostas brasileiras foram cada vez mais compreendidas, respeitadas e assumidas pelos 200 participantes do evento. O Documento sobre Catequese que resultou dessa VI

Semana Internacional foi adotado como seu, com várias modificações, pela II Conferência Episcopal Latino-americana, promovida pelo Conselho Episcopal Latino-americano (CELAM), nos dias 26/8 a 6/9/1968, como capítulo 8, do seu documento A Igreja na atual transformação da América Latina.

Um destaque especial, tanto no Encontro do Rio de Janeiro como na Semana Internacional em Medellín, foi o teólogo Hugo Assmann, de Porto Alegre/RS, que estava elaborando uma proposta de renovação da teologia, que coincidiu com a de alguns teólogos da América Latina, dando origem assim, à Teologia da Libertação. Um segundo destaque foi o Irmão marista, Antônio Cechin, que realizava, em Porto Alegre/RS, um importante ensaio de renovação de materiais de apoio para a catequese escolar.

5. É preciso renovar a Catequese

Cada vez mais o Padre Gruen percebia que a nossa catequese paroquial e escolar, precisava de uma profunda revisão. Seus contatos, expandidos por causa das duas traduções que foram bem acolhidas e de sua participação na VI Semana Internacional de Catequese em Medellín, lhe revelaram que a crise da catequese no Brasil estava ficando mais evidente. Atento às publicações sobre o assunto, ele percebeu que havia um pouco de tudo, desde um vazio de horizontes e de práticas até tentativas de uma catequese nova, viva, atenta ao chão da História do Brasil, daqueles tempos de forte ditadura militar iniciada em 1964. E as novidades da catequese vinham sobretudo de Recife, do Rio Grande do Sul e Ji-Paraná.

Logo em seguida a Medellín, Padre Gruen participou de encontros internacionais notáveis, como por exemplo, em Santiago do Chile, de 05 a 19 de janeiro 1969, da Quinzena Internacional de Evangelização de Adultos pelo método da conscientização, orientada por Paulo Freire; e, em San Antonio, Texas, EE.UU, de 22 a 27 de junho 1969, da International Study Week of Mass Media and Catechetics.

Seus estudos, suas experiências e sua participação em eventos, especialmente sobre Bíblia, Eclesiologia, Teologia da Libertação, Catequese, a partir de 1968, foram, para Gruen, um divisor de águas. Nele cresceu e se firmou a percepção clara de que a catequese eclesial era e é algo impraticável na escola e que, por outro lado, o Ensino Religioso (ER) tem uma tarefa que só a escola pode realizar. Propôs, então, outro tipo de ER, distinto da catequese, mas em simbiose com ela. Privilegiou essa causa, na prática e na teoria. Nasceu assim um projeto de ER que, com frequentes atualizações, Gruen defende até hoje.

Como sói acontecer, à diástole de Rio-Medellín seguiu-se um período de certa sístole. Sim, havia numerosas Comunidades Eclesiais de Base onde a formação dos adultos era sólida: muita ação e boa reflexão, principalmente graças ao movimento bíblico, despertado e impulsionado pelo Frei carmelita Carlos Mesters, com destaque para os Círculos Bíblicos; bem como, à difusão da Campanha da Fraternidade e do Mês da Bíblia. Durante décadas, além das aulas para universitários, Gruen esteve comprometido com tais atividades e cursos de iniciação à Bíblia. Em sua reflexão e pastoral, aprendeu a valorizar uma característica da nossa pastoral, que sempre considerou muita rica em ofertas de possibilidades no Brasil, para melhorar a formação e o compromisso dos fiéis: os meses temáticos (Mês de Maria, do Sagrado Coração de Jesus, das vocações, da Bíblia, das Missões, Novena do Natal). Sempre valorizou muito a iniciativa anual da Igreja do Brasil, para evangelizar a partir da realidade e da Palavra de Deus, a Campanha da Fraternidade (CF). Nascida na Arquidiocese de Natal-RN, em 1962, por decisão de muitos bispos da CNBB, reunidos em Roma para o Concílio, em 1962-63, a CF foi assumida para todo o Brasil, como um meio de fazer o Concílio chegar às paróquias e Comunidades. A primeira CF em nível nacional, em 1964, fundamentada nos debates para a renovação da Igreja, teve como tema "Lembre-se, você também é Igreja". E a segunda, em 1965: "Faça de sua paróquia, comunidade de fé, culto e amor".

Um problema particularmente árduo, na década de 70, foi o da estrutura da catequese. Gruen viu que a "paralisia do paradigma" favorecia a acomodação. Em muitos lugares, havia até mesmo uma pseudo-catequese que simplesmente reduzia ao mínimo, umas noções do catecismo, como tentativa de "batizar" atividades lúdicas e esportivas que seguravam os catequizandos. A situação, porém, não era exclusiva do Brasil. Foi quando o Sínodo sobre a Catequese (1977) surgiu como uma iniciativa muito oportuna da Igreja. Logo depois, foi bem recebida no Brasil, a Exortação Apostólica Catechesi Tradendae, publicada pelo Papa João Paulo II, em 1979, um ano depois de sua eleição ao pontificado.

Devido ao impulso dado pelo Sínodo sobre Catequese, multiplicaram-se os encontros catequéticos, que muito ajudaram no despertar do interesse por algo novo para a catequese. Merecem especial menção as Coordenações dos Regionais da CNBB, verdadeiros centros de irradiação e animação da catequese. Nascia, assim, em 1977, por influência do Sínodo de Catequese, como uma ousadia do Padre Ralfy Mendes de Oliveira, sdb. Assessor Nacional de Catequese na CNBB, a "Revista de Catequese", da Editora Salesiana. Na mesma época, Pe. Ralfy publicou, em 1980, com o Padre Alberto Antoniazzi, um importante livro: "O movimento catequético no Brasil" (Ed. Dom Bosco, 1980).

6. O Documento Catequese Renovada

A partir de uma conferência de Dom Aloísio Lorscheider, sobre o Sínodo de Catequese de 1977, na Assembleia dos Bispos, em 1978, foi acolhida a proposta de elaborar para o Brasil algumas orientações da CNBB, para a renovação da catequese. O tema voltou na Assembleia Geral, em abril de 1979. Mas a ênfase dada pelos bispos era sobre "os conteúdos da catequese". A publicação, em 1979, da Exortação Apostólica "Catechesi Tradendae", estimulou e reforçou a elaboração do solicitado Documento da CNBB sobre Catequese, mas sem limitá-lo aos conteúdos, pois era fundamental uma visão geral da sua caminhada na história e dos impulsos que chegavam do Concílio, de Medellín, dos Sínodos e de Catechesi Tradendae.

Dom Albano Cavallin, bispo responsável, na CNBB, pelo Setor Catequese convocou um seminário para novembro de 1979, com a finalidade de fundamentar critérios sobre conteúdo e metodologia para a pastoral catequética, à luz dos recentes documentos e da caminhada histórica da catequese no Brasil. Por iniciativa do Padre Gruen, silenciosamente, o plural conteúdos tinha virado singular, conteúdo. As conclusões daquele evento, formulados em dez pontos, serviram de base para um amplo movimento catequético no Brasil, com destaque no cristocentrismo, na eclesiologia de comunhão e participação (propostas por Puebla-1979, numa forte dimensão antropológico-situacional (Medellín, 1968 e Teologia da Libertação, 1970) e na metodologia do ver, julgar, celebrar e agir (Ação Católica).

Um grande apoio veio, em seguida, com a visita do Papa João Paulo II ao Brasil, em 1980, logo após a publicação da Exortação Apostólica Catechesi Tradendae. Em um de seus discursos ele afirmou: "O futuro da Igreja neste país depende, em máxima parte, de uma catequese sólida, segura, alicerçada no mais genuíno ensinamento da Igreja... tratem uma e muitas vezes desse tema em suas assembleias nacionais, regionais e diocesanas". E, quando retornou a Roma, o papa enviou uma carta aos bispos do Brasil, na qual reiterava e reforçava sua chamada sobre a importância da catequese.

A coordenação do processo de elaboração das Diretrizes da Catequese, solicitadas em 1979, para um futuro documento da CNBB, esteve com Dom Albano Cavallin, bispo responsável na CNBB pela Catequese, e seu Assessor José Gueerickx, msc. A metodologia usada possibilitou ampla participação das dioceses e de especialistas em Catequese, e provocou muitos encontros de catequetas e coordenadores de catequese, debates, propostas e colaborações vindas de várias partes do Brasil.

Para o Instrumento de Trabalho ou "texto mártir", Padre Gruen propôs como eixo renovador o "Princípio da interação entre a caminhada eclesial da comunidade de fé e a formulação dessa fé". Fundamentou-se, para isso, na Exortação Apostólica Evangelii Nuntiandi, do Papa Paulo VI, no Documento de Medellín e na reflexão do Padre Jacques Audinet, na VI Semana Internacional de Catequese, em Medellín, em 1968. A proposta despertou muito interesse por sua novidade e pertinência como caminho renovador para a catequese.

O primeiro esboço desse Princípio da interação, foi apresentado pelo Pe. Gruen à Assembleia dos Bispos do Leste 2 da CNBB (Minas Gerais e Espírito Santo), e recebeu enriquecimentos e mudanças, principalmente por parte do Pe. Alberto Antoniazzi (da PUC Minas), no que se refere à Revelação e Catequese, e também do Pe. Ralfy M. de Oliveira sdb. Reformulado, em seguida, pelo Pe. Luiz Alves de Lima, sdb, que redigiu principalmente sua 3ª parte, integrou o texto solicitado pela CNBB, que também contemplou as grandes orientações do Documento de Medellín (1968) e de Puebla (1979). Seguiu-se um longo e intenso trabalho que culminou no Documento da CNBB Catequese Renovada – orientações e conteúdo (1983), que foi publicado como Documentos da CNBB nº 26. Um enorme trabalho de divulgação e aplicação do Documento Catequese Renovada foi realizado a partir de 1983, pelo Setor de Catequese da CNBB, integrado por Dom Albano Cavallin, Frei Bernardo Cansi, ofmcp e Irmão Israel José Nery, fsc, alcançando seu momento forte na Primeira Semana de Catequese, em agosto de 1986.

Deste evento surgiram propostas de estudos sobre alguns aspectos abordados no Documento 26, da CNBB. Um dos temas foi publicado como volume 53, da Coleção Estudos da CNBB, Textos e Manuais de Catequese (1987), redigido basicamente pelo Pe. Gruen, com colaboração do GRECAT (Grupo de Reflexão Catequética). As editoras católicas, colaboraram no capítulo 11, quanto à Catequese Renovada aplicada ao material didático (cf. cap.11).

O Documento Catequese Renovada, no contexto dos conflitos eclesiológicos da época, teve de enfrentar resistências de algumas áreas da Igreja. Mais tarde, Padre Gruen reconheceu que a proposta da Catequese Renovada, por diversos motivos, não chegou a ser muito aplicada. É sempre mais fácil ensinar e dar cursinhos do que programar uma catequese feita de caminhada, vivência, Bíblia e Liturgia e, em tudo isso, fazendo a interação com os temas fundamentais da nossa fé e moral, com a nossa vida pessoal, comunitária e social.

Além disso, aconteceu uma crescente onda adversa à Teologia da Libertação e a tudo o que com ela tivesse alguma relação. Foi a época dos fortes conflitos da Congregação da Doutrina da Fé com teólogos, biblistas e moralistas e, também, da revisão da maneira como o Concilio Vaticano II estava sendo compreendido e colocado em prática (Sínodo Extraordinário de 1985). Foi também o começo da redação, pela Congregação da Doutrina da Fé, do Catecismo da Igreja Católica proposto pelo Sínodo de 1985, com forte influência do Cardeal Joseph Ratzinger e de João Paulo II, portanto, com tendência à volta à catequese como ensino da doutrina. Isso tudo levou muita gente a desconfianças, retrocessos, medos, incertezas...

7. A centralidade da Palavra de Deus

Mas, a área da Catequética que Gruen trabalhou por mais tempo foi a da relação Bíblia e Catequese. E sobre este tema, envolveu-se em cursos, palestras, semanas bíblicas, atuação no GRECAT, livros e artigos. Por uma década, o denominado "grupo de BH", sob a liderança do Pe. Antoniazzi, e com especial colaboração de Frei Carlos Mesters e Inês Brushuis, cuidou do folheto BÍBLIA-GENTE e do material do Mês da Bíblia.

Merece menção especial o esquema que Gruen traçou, alguns anos antes de 1986, em 1969-1970 para a Introdução ao AT, e que depois desenvolveu no livro O Tempo que se chama Hoje (1977 e que teve numerosas reimpressões e tradução em vários países). Foi uma novidade que se mostrou funcional, tendo sido aproveitado em muitos cursos, com grupos católicos e protestantes históricos. Neste seu livro, Gruen desenvolve a história de Israel, e nela situa, em ordem possivelmente cronológica de redação, o surgir dos escritos do Antigo Testamento. Esse esquema funciona, graças a um detalhe, que parece "ovo de colombo": depois da morte de Salomão, aborda-se o Reino de Israel antes do de Judá. De fato, os escritos do Norte podem ser vistos, todos, antes dos do Sul. A esse ponto pode-se engatar, sem interrupção, o reino do Sul, o Exílio babilônico, etc., até o fim, continuando com o Intertestamento e a chegada do tão esperado Messias, Jesus.

Outro subsídio de grande valia foi o seu "Pequeno vocabulário da Bíblia" (1984), que teve e continua tendo boa aceitação. Importante ressaltar que este livro não quer só explicar, mas também fazer pensar. Na Itália, foi traduzido e acrescido de alguns verbetes pelo conhecido biblista Pe. Gianfranco Ravasi, hoje cardeal e Presidente do Pontifício Conselho para a Cultura. Gruen considera que menos feliz foi o seu livrinho "A Bíblia na escola", certamente, diz ele, por causa do título. A reformulação que está em curso, diz ele, terá o título A Bíblia na idade escolar".

Padre Gruen continuou muito ativo na ajuda ao Setor de Catequese da CNBB, como membro do GRECAT desde a sua criação em 1984 até 2008. Colaborou na elaboração do Estudo Orientações para a Catequese da Crisma (1991) e, mais ainda, na elaboração do Diretório Nacional de Catequese (2006), cujo redator principal, foi o Padre Luiz Alves de Lima, SDB. E destacou-se como Professor em Belo Horizonte-MA, principalmente do Instituto Santo Tomás de Aquino e da Pontifícia Universidade Católica de Minas Gerais. Integrou, ainda, a Sociedade de Catequetas Latino-americanas (SCALA).

8. Uma justa homenagem

No dia 17 de fevereiro de 2006, a Universidade Pontifícia Salesiana (UPS), de Roma, conferiu ao Padre Wolfgang Gruen, o Doutorado "Honoris Causa", pelo importante trabalho realizado nas áreas de Catequese, Sagrada Escritura e Ensino Religioso. A homenagem coincidiu com seus 60 anos de magistério. A iniciativa foi da Faculdade de Teologia da mesma Universidade romana. A cerimônia acadêmica se deu no Auditório do «Instituto Santo Tomás de Aquino", em Belo Horizonte (MG). O Pe. Giorgio Zevini, decano da Faculdade de Teologia da UPS, e o Pe. Jaroslaw Rochowiak, secretário geral da mesma Universidade, entregaram oficialmente ao Pe. Gruen o diploma "Doctor Honoris Causa". O Pe. Zevini sublinhou, no seu discurso, a tarefa de formador que o Pe. Wolfgang Gruen desempenhou em benefício de muitas gerações de sacerdotes brasileiros e destacou sua "grande capacidade de diálogo com as diferentes culturas e de ser um grande professor".

Catequese...

Sobre o que estamos falando?

Débora Regina Pupo

Com uma linguagem próxima de quem lê, a autora dialoga com o leitor propondo uma reflexão séria, de maneira criativa e envolvente, sobre a definição de catequese. Ao aprofundar conceitos e ideias centrais em documentos catequéticos, possibilita compreender o sentido desta importante ação evangelizadora da Igreja no contexto atual. Quando a catequese é apresentada em relação à compreensão de Iniciação à Vida Cristã, é possível compreender sua finalidade de promover a maturidade da fé.

Para favorecer a assimilação e apropriação em torno das reflexões apresentadas na obra, são propostos três roteiros de estudo para a formação de catequistas e dois roteiros para a formação dos familiares. A base de conteúdo para estes roteiros formativos são os temas do próprio livro, que se torna, além de subsídio de estudo pessoal, instrumento de formação de grupos de catequistas e familiares, oferecendo o entendimento da catequese e sua função na vida das pessoas.

Débora Regina Pupo *é Coordenadora Regional da Dimensão Bíblico-Catequética do Regional Sul 2 da CNBB. Atua também na formação de lideranças nas diversas áreas da Teologia, tendo como campo mais específico a formação de catequistas. Foi assessora na formação para o clero e seminaristas dentro da área de Iniciação à Vida Cristã.*

Itinerário da fé

A experiência da samaritana e a formação do discípulo missionário

D. Eugênio Rixen, Pe. Leandro Pagnussat
Maria Augusta Borges

Este livro apresenta os passos da mulher samaritana, que encontrou em Jesus a razão da sua existência e da sua fé. Trata-se de uma reflexão que contribui para que os catequistas percorram esse mesmo caminho não unicamente teórico, mas de aprofundamento e vivência de sua fé. Para isso, os autores propõem um mergulho no Itinerário da samaritana apresentado pelo evangelista João, que nos revela um processo iniciático de amadurecimento da fé na vida.

Como modelo para a catequese de Iniciação à Vida Cristã, segundo a inspiração e orientações da 55ª Assembleia dos Bispos do Brasil, em cada capítulo há o aprofundamento do diálogo e caminho progressivo da fé que Jesus realiza com a mulher samaritana e seu povo. A partir desse diálogo de Jesus com a samaritana identificam-se os elementos pedagógicos e metodológicos comunicados pela espiritualidade bíblica.

Este livro contribui, assim, na formação e na ação evangelizadora do fazer a catequese de maneira prática, para tornar-se um sinal de pertença, essencial na formação do discípulo missionário.